숲속의 물고기

지은이 한 경

비움과 채움

첫 수필집을 펴내며

살면서 늘 어딘가 떠나야 될 것 같은 막연한 조바심이 있었다. 무언가를 찾아야만 될 것 같은 강박감이 늘 불안증같이 나를 붙들고 있었다. 글을 써나가면서 그것이 삶에 대한 강한 애착이었음을 느끼게 되자, 내 삶에 대해 감사한 마음이 들기 시작했다. 늘 멀리서 찾으려 했던 행복이 사실은 소소한 내 일상 속에 있으며, 그동안 마음껏 누려왔다는 걸 깨달았다. 생각해보니 지나간 나의 봄은 감미로웠고, 여름은 울창했으며, 가을도 그리 쓸쓸하지가 않다. 숲에서 만난 많은 사람들, 길목을 지날 때마다 나를 응원해주던 고마운 사람들이 참 많았음에 감사한다.

넓은 땅에 한 그루의 큰 나무가 서있는 것은 숲이 아니다. 키가 작은 나무와 큰 나무, 잎이 뾰족한 침엽수와 잎이 넓은 떡갈나무 등 각양각색의 나무가 어우러져 살아가는 곳이 숲이다. 내 삶의 숲에도 이런저런 일들이 지나가고 또 붙잡고 싶은 사람과 순간도 많다. 실수도 하고, 남에게 상처를 주기도 한다.

나는 아직도 부족함이 참 많지만, 숲처럼 너그러운 사람이 되게 해달라고 늘 기도한다. 세상에 태어나 여섯 남자를 사랑했고, 할머니와 엄마와 딸과 손녀 지승이 네 여자를 사랑했다. 늘 쫑쫑대며 불평을 해도 내게 후원을 아끼지 않는 언제나 든든한 반쪽 낭군님께도 고마움을 전한다. 서툴러서 사랑의 이름으로 상처 받았을 아들과 딸에 미안하고 진심으로 사랑함을 고백한다. 그리고 든든한 사위 백 서방, 행복바이러스 손녀 지승이가 있어 행복하다.

끝으로 부족한 글에 후한 서평을 써 주신 김봉진 교수님께 머리 숙여 감사드린다. 늘 그리운 하늘나라에 계신 엄마, 아버지에게 소식을 전하며.

2016년 4월

라일락 향기 짙은 역삼동에서

한경

1부. 내 숲 언저리

2부. 숲길을 걸으며

1부

내숲연거리

이름에 대하여

난 남장을 한 영환이었다. 집에서도 영환이었고 소꿉친구 경남이 갑덕이도 나를 영환이라 불렀다. 나는 영환이로 칠년을 살았다. 진천을 떠난 후 나를 말할 때 고향 동네 어른들은 나를 영환이라 말해야만 알고 나 스스로도 영환이라 말했다. 요즘은 태어난 아기의 이름을 짓는데 서진이, 지우, 민석이 등 영화 속 주인공이나 히트한 드라마 속의 주인공 이름을 따서 많이 짓는다고 한다. 선호하는 이름을 너도 나도 지으니 분명 동명이인도 많을 것이다.

이름도 시대에 따라 유행을 탄다는 뉴스를 들으니 이름 때문에 난감했던 어린 시절 아픈 기억이 떠오른다. 50년대 출생한 여자의 이름은 대부분 0숙, 0자, 0희, 0애, 0순, 0녀, 0례, 0옥 등이 참 많았다. 내 이름도 끝에 '희'자가 붙었지만 여자의 계집 희가 아니라 돌림자 빛날 '희'자였다. 아버지는 여자지만 당당히 족보 항렬에 따라 돌림자를 붙여 이름을 지으셨다. 할아버지 항렬이 수, 아버지 항렬이 상, 그리고 '희'자 항렬을 받은 나는 경희가 되었다.

그러나 우스꽝스럽게도 정작 호적의 돌림자를 쓴 이름 경희가 아닌 영환이로 할아버지 사랑방을 쥐방울처럼 드나들었다. 우리 집에서의 사랑방은 남자들만 드나드는 일종의 특권 공간 같은 곳이었다. 그 시절 별채의 사랑방에는 손님이 끊이지 않게 왔다. 손님이 오면 맛있는 먹거리가 생기므로 어린 나는 사랑방과 손님이 좋았다. 할아버지만 드시도록 손님들이 사온 먹거리도 나는 심심치 않게 먹을 수 있어 좋았다. 그 대가로 나는 초등학교 입학 전까지 상고머리에 남자아이 복장으로 자라야만 했다.

그렇게 난 늘 바지에 상고머리를 하고 자랐다. 그 시절 사진을 보면, 나는 귀여운 상고머리에 코르덴에 비로도 깃을 단 바지정장을 입은 영낙없는 사내아이이다. 아마도 나를 영환으로 부르도록 하고 남자 아이 복장을 해서 아들 대우를 해준 것은 종가집 맏며느리인 어머니가 자꾸 딸만 낳게 되자 삼신할머니에게 남아를 점지해 주라는 간절한 바램으로 한 것이 아닌가 싶다. 이같은 간절한 소망에도 불구하고 어머니는 내 밑으로 여동생을 보았고, 또 그 밑으로 3명의 여동생을 더 보았다. 그런데도 언니와 동생들은 모두 다 자기 이름인 영희, 윤희, 옥희, 광희, 성희로 불렸으나, 나만 유일하게 영환으로 불렸으니 성 정체성에서도 나는 학대를 받은 것이다.

아들에 대한 염원이 얼마나 간절했으면 그랬을까마는, 난 간단꾸라고 불리던 원피스를 입고 소방서 2층에 있는 유치원에 다니는 언니가 늘 부러웠다. 치마가 너무 입고 싶었던 나는, 어느 날 언니 원피스를 몰래 입고 어색하게 마루로 나갔다. 그 순간 나를 본 엄마와 고모들이 까르륵대며 웃는 바람에, 얼마나 쑥스럽고 겸연쩍었는지 모른다. 그 후로 초등학교 입학 전까지 난 자의였는지 타의였는지 치마를 입은 기억이 없다. 나는 그렇게 남자로 키워졌다.

여섯, 일곱 살 무렵에 청주 외가댁에 간 적이 있다. 아마도 엄마가 분가를 하려고 청주 친정집에 갈 때 나를 데리고 간 것이 아닌가 싶다. 봄날 햇볕이 따스하게 드는 툇마루에서 외할머니와 한 집에 살던 나이 든 할머니는 남자 옷을 입은 내가 여자라는 엄마 말이 믿기지 않았던지 갑자기 나의 바지를 벗긴 적이 있다. 그 날 어린 나는 온갖 치욕과 모멸을 당한 느낌이었다. 그리고 그러한 행동을 말리지 않은 엄마에게도 두고두고 분이 치밀었고, 멍처럼 응어리로 남게 된 걸 엄마는 알지 못할 것이다. 그 때 상처 받았던 감정은 어린 날 상처로 아직도 엑스레이 사진처럼 가슴속에 선명하게 남아있다.

외가댁을 다녀온 후 엄마와 아버지 동생들은 외가댁이 있는 청주로 분가했고, 자리를 잡기 전까지 언니와 나는 일 년을 엄마와 떨어져서 할아버지, 할머니, 고모와 삼촌과 함께 살았다. 입학 전 한글을 몰라 쓸 수 있는 글은 겨우 이름 세자 한영환이었다. 학교에 입학한다고 들떠서 중학교에 다니는 막내 삼촌한테 '한영환'이라는 글자를 배우는데, 그 때 받침 있는 '환'자가 너무 어려워서 끙끙댔던 기억이 아직도 생생하다.

아마 그 무렵 엄마와 같이 살았다면 학구열이 대단한 엄마가 한글을 깨우치도록 하여 학교에 보내지 않았을까 싶다. 엄마도 없이 입학식날 학교를 가는 것은 기쁨보다도 낯선 것에 대한 두려움이 더 컸다. 1학년 3반으로 배정되어 운동장에서 이름을 부르는데, 다른 아이들 이름은 다 부르는데 한영환이라는 내 이름은 부르지 않았다. 내 이름을 부르지 않아 속이 바짝바짝 타들어가고 있는데, 대머리였던 나이가 지긋한 선생님이 이름 안 부른 사람 손들라고 했다. 죄인처럼 손을 든 나를 보고 선생님은 빙그레 웃으면서 네 이름은 한경희라고 하는 것이 아닌가? 난 그 때까지도 내 이름이 경희인지 몰랐다.

그 때 나는 얼굴이 시뻘개져서 어쩔 줄 몰라 했다. 그때서야 나는 내 정확한 이름이 경희라는 것을 알았고, 어렵게 쓰게 된 영환이를 못쓰게 되는 것이 억울하기까지 했다. 그래서 연필에 침을 묻혀가며 '한경희' '한경희'를 공책에 꾹꾹 눌러 썼다.

그 대머리 선생님 성함은 김영환이셨다. 초등학교 6년동안 해마다 나를 가르쳐주신 다른 담임선생님 이름은 떠오르지 않는데, 1학년 때 담임선생님 이름인 김영환은 잊어지지가 않는다. 참 무심한 세월이었다. 막내 고모, 막내 삼촌도 계셨는데 내가 호적에 경희로 올라간 걸 아무도 알려주지 않았을까. 입학통지서도 왔을 텐데 아직도 그 일은 수수께끼 같다.

나는 내 이름 영환이도, 경희도 참 좋다. 요즘 동명이인 한경희 씨가 스팀청소기로 대박을 터트려 유명해지면서 우스운 일도 종종 생겨나고 있다. 골프 연습장에서 다른 한경희를 만나 서로 통성명을 하는데, 스팀청소기하면서 상대를 지칭하다가 서로가 아니라고 손사래를 치기도 했다. 왜 이렇게 한경희가 많은지 강남문인회에도 시조시인인 한경희 님이 있다. 그 분이 먼저 문단에 등단했으니 내가 이름을 바꾸는 것이 예의라고들 한다.

뭐로 예명을 지을까? 이 이름 저 이름 지어보았지만 다 마뜩치가 않다. 아들이 붙여준 이름은 마당인데, 예명으로는 아니라는 선생님들이 많다. 또 요즘 유행하는 이름들은 모두가 낯간지럽다. 결국 첫 시집을 낼 때 마지막 이름자를 빼고 한경으로 지어 사용하였다. 우리나라에는 같은 이름이 많다는 뉴스를 들으니 앞으로도 얼마나 나처럼 많은 해프닝이 일어날까 궁금하다. ♣

비오는 날의 단상

웅성웅성 초등학교 앞 횡단보도 이쪽저쪽 갖가지 색깔과 형태의 우산들로 도로가 꽉 차 있어서 마치 우산 박람회라도 열린 듯한 느낌이다. 드레스처럼 레이스 달린 우산, 리본 맨 우산, 명화가 프린팅 된 우산, 물방울 무늬의 투명하고 앙증맞은 작은 우산, 사각 우산, 쌍둥이 우산. 다들 밝은 표정에 예비 우산까지 준비한 젊은 엄마들과 할머니들을 향해 왁자지껄하게 한 무리의 아이들이 뛰어온다.

피식 웃음이 나온다. 나도 저런 시절이 있었지. 이제는 내 기억에서 초등학교가 사라진 듯 무관심하다. 아이들이 초등학교를 다닐 땐 초등학교 밖에 보이지 않았다. 초등학교 수준의 관심밖에 머리에 들어오지 않았다. 그러다가 초등학교를 졸업하면 내 관심에서 초등학교가 사라지고, 중학교를 졸업하면 중학교가 사라졌다. 그렇듯 생각과 관심의 초점은 아이를 따라 움직였다.

아이들이 초등학교를 다닐 때에는 비를 몇 방울 맞는다고 이마에 구멍이 나는 것도 아닌데 아이가 비를 맞으면 마치 엄마의 소임을 다하지 못한 자책감으로 전전긍긍했다. 행여나 비를 맞아 감기라도 걸릴까 하는 걱정에 난리를 피웠다. 그러다가도 온상 속 화초 같이 키우면 독립성 없는 약한 아이로 자랄까봐 강하게 키운답시고 우산을 갖다 주지 않아서 홀딱 비에 젖어 오게 한 적도 있었다. 다행히 아이가 감기에 걸리지 않고 별 탈 없이 자라서 얼마나 고맙고 다행스러웠는지 모른다. 나 자신이 아이를 어떻게 키워야 하는지 잘 몰라서 아이를 키우는 일은 시행착오의 연속이었다.

우산을 들고 아이를 기다리는 젊은 엄마들을 보니 참, 우리 애들은 빨리 커버린 것 같다. 60-70년대, 내가 학교 다니던 그 시절엔 비오는 날 아침이면 좋은 우산을 차지하느라 난리였다. 여섯이나 학교를 다니던 그 시절, 우리집에는 변변한 우산도 없었고, 비를 좀 맞는다고 야단을 떠는 사람도 없었다. 그래도 학교에 좀 나은 우산을 쓰고 가려고 우산을 들고 아침밥을 먹기도 했다. 동생과 우산을 같이 쓰고 가면 동생을 더 씌워 주느라 내 어깨는 다 젖곤 했다. 그랬어도 나는 마땅히 제 할 일을 다 한 것인 양 흐뭇하게 여겼던 의젓함도 있었다.

그 당시도 일기예보는 있었을 텐데, 우산을 준비하지 않아 비 맞는 게 다반사였다. 우산이래야 대나무살의 파란 비닐우산이 대부분이었고, 한지에 기름먹인 좀 무거운 우산이나 헝겊 우산은 호사였다. 파란 비닐우산은 바람만 불면 낙하산처럼 거꾸로 뒤집어져서 우산을 썼다고 하여 비를 피할 수 있는 것도 아니었다.

하교 길에 비가 온다고 엄마가 우산을 가져 오시지는 못하셨지만, 우리는 비가 오면 정말 온몸이 물을 부은 듯 젖어도 친구들과 낄낄거리며 비오는 날의 정취를 만끽했었다. 그래서 풍족하진 않았지만 그게 또 그렇게 불편하다고 느끼지도 않았던 시절이었다.

문득 이 나이에도 초등학생 시절 그 날처럼, 비오는 날에 빗속을 걸을 수 있는 용기가 있을까 하는 생각을 해본다. 작고 찢어진 우산에 머리를 맞대고 재잘거리며 친구와 걸었던 빗길. 책가방 속 책이랑 노트가 비에 젖었지만, 비에 젖는 게 대수는 아니었다.

4학년 때인가, 지금도 생각나는 것은 하교길에 몸이 붕붕 날아갈 것 같은 세찬 바람과 비가 몰아쳐서 무서워했던 기억이 난다. 또 여중 시절에 소나기를 맞으며 황순원의 '소나기' 속 여주인공이라도 된 듯한 착각 속에 있지도 않은 남자 아이를 생각하며 센티멘털리즘에 빠지기도 했다. 그 시절 우리에게 비는 낭만의 매체였다. 그래서 때론 어느 영화에서 본 멋진 사랑을 꿈꾸기도 했었다. 우산이 없어 비 맞고 가는 나에게 어느 멋진 남학생이 우산을 씌워줘서 시작되는 로맨스.

비는 무한한 상상력의 꿈을 오랫동안 꾸게 하고, 못 부르는 신중현의 '봄비'를 흥얼거리도록 만들었다. 그러나 비오는 날의 낭만적 사건을 기대했던 나에게 결국 아무런 일도 일어나지 않고 나의 청춘은 끝났다. 그렇지만 그 시절 설레임을 지금도 생각하면 참 풋풋하고 기분이 좋다.

지금 이 나이에도 비오는 날에 그 날처럼 빗속을 걸을 수 있는 용기가 있을까? 우산 들고 기다리는 사람이 있는 사람은 얼마나 행복한가? 우산 하나로 비를 다 가릴 수는 없지만 머리를 맞대고 빗속을 걸어가는 사람들이 참 행복해 보인다. 비 오는 날, 찢어진 우산을 쓰고 걸었던 유년의 그 날이 그립다. 그 파란 비닐우산, 그리고 친구가. ♣

5월 어느 날의 선율

친구에게 전화를 거니 핸드폰에서 봄이 꿍꿍거리며 나에게 뛰어오는 소리가 들린다. 비발디의 봄이다. 봄의 소리를 들을 때마다 맨 처음 생각나는 것이 '비발디의 사계' 중 아름다운 봄의 선율이 아닐까 싶다. 너무도 많이 소개되어 귀에 익숙한 그 음률을 들을 때마다 활력이 넘치는 희망의 메시지가 겨울의 삭막함으로 겨우내 움츠렸던 대지와 사람들에게 희망을 가득 풀어 놓는 것 같다. 그래서인지 그 음률을 떠올리면 어느 방향, 어느 곳으로 가도 원하는 것을 누릴 수 있을 것 같은 강한 긍정의 힘이 솟아난다. 가끔 비발디의 사계 중 겨울을 듣기도 하지만, 그래도 봄이 나에게 강하게 각인되어 있는 것은 내 인생의 초봄에 비발디의 봄을 아주 감동하면서 들었기 때문이 아닐까 싶다.

여중 1학년, 사춘기의 깃털이 돋기 시작할 때였다. 우리학교에서는 반 대항 전교생 합창대회가 학교 내 야외 음악당에서 열렸다. 여중생들의 1등을 향한 선의의 대결은 열정과 시기와 질투만큼 합창 대회의 열기는 대단히 뜨거웠고 즐거웠다.

희망원이라 불리던 숲의 정원 벤치에 앉아, 앙드레 지드의 '좁은 문'과 프랑소와즈 사강의 '슬픔이여 안녕', 펄 벅의 '대지' 등을 탐독하며 꿈의 나래를 펴던 풋풋한 시절이었다. 합창대회가 끝날 즈음 신록이 아름다운 5월. 여기저기 학교 시설에 익숙해지며 아직 우리들에게 긴장감이 남아있던 5월의 교정에 귀한 손님이 오신 것이다.

지금은 그 분의 성함도 모르지만, 어렴풋하게 기억하기로는 애국가를 작곡한 안익태 선생님의 수제자라고 했다. 그리고 안익태 선생님이 생전에 쓰시던 첼로를 물려받아 전국 순회공연 중 우리학교를 방문해 희망원 숲에서 즉석 연주회를 여신 것이라고 했다. 그 분은 그날 애국가를 시작으로 여러 곡을 첼로 연주로 들려주셨다. 그 때까지 음악이래야 동요 '반달' '초록빛 바다' 등이 전부였던 나는 태어나서 처음으로 들었던 그 첼로 선율에 큰 충격을 받았다. 그 분이 첼로 연주를 하는 동안 몇 백 명의 여중생이 앉아있는 숲은 숨이 멎은 듯 조용했고, 연록의 플라타너스 잎은 첼로의 소리에 취해 물감을 토해낼 듯 아름다웠다.

음악에 대한 기본 상식도 부족한 나였지만, 그런 상식과는 전혀 상관없이 그날 내가 들었던 그 선율은 감동 그 자체였다. 사람들이 눈을 감고 숨이 끊어져가도 귀는 열려 있어 다 듣는다고 말하는 소리를 들은 적이 있다. 오감 중에서 소리가 사람의 기억에 늦게까지 오래 남아서인지, 그 첼로 연주의 음률을 떠올리면 40여년이 훨씬 지난 지금도 그 음악소리가 들리는 듯하고, 첫사랑 음성처럼 내 가슴을 설레게 만든다.

그 시절 공립학교의 한 학기 수업료가 2010원이었다. 지금도 참 이상하게 생각되는 것이, 끝자리 액수지만 10원이 들어 있어서 그 시절 화폐가치를 짐작 할 수가 있다. 그 당시 우리 학교는 도에서 제일 명문이어서, 학교에 입학하기가 만만치 않았지만 모든 학생이 우리 학교에 들어가기를 더 선호하였던 것은 사립학교 반액의 등록금 때문이었지 않았나 싶다. 공립학교에서 떨어져서 사립학교에 간 친구들의 수업료는 4050원이었던 것으로 기억한다.

나는 안익태 선생님의 수제자라는 분이 그 날 연주한 '슈만의 꿈'을 듣고나서 음악에 대한 열병을 앓았다. 그래서 그렇게 넉넉하지 않은 우리 집 사정을 알면서도 나는 엄마를 조르고 졸라 한 달에 거금인 500원을 내고 피아노를 배우기 시작했다.

그 시절 동네에서 피아노가 있는 집은 엄마 친구네 한 집이었다. 엄마 친구의 딸인 여고생 언니에게 피아노 레슨을 받으며 처음 건반을 누를 때 내 심장은 꿍꽝거리며 뛰었고, 내 얼굴은 열기로 벌겋게 달아올랐다. 그 언니가 들려주는 '엘리제를 위하여' '소녀의 기도' '은파' '아드린느를 위한 발라드' 등의 연주를 들으며, 나는 마치 내가 피아노를 치는 양 그 곡들에 나오는 인물들의 주인공이라도 된 듯 착각에 빠지며 행복했다. 심지어 그 언니가 너무나 부러워서 '그 언니의 손을 잘라 내 손에 붙였으면 얼마나 좋을까' 하는 말도 안 되는 상상을 하곤 했다.

그 당시 우리집은 감히 피아노를 가질 수 있는 형편이 안 되었고, 학교 친구들도 피아노를 배우는 애들이 거의 없었던 시절이었다. 그러나 음악에 대한 나의 갈증은 얼마가지 않아 끝이 났다. 우리집과 엄마의 힘든 사정을 알면서 더 이상 피아노를 배운다고 할 수 없었기 때문이다. 그 뒤 난 엘피판을 구입하여 소녀의 기도, 은파, 솔베이지송, 숭어, 죽음과 소녀 등을 즐겨 들으며 가난한 나의 사춘기 학창시절을 보냈다.

그 후로도 아주 오랫동안 나의 가슴에 음악의 아쉬움이 남아 있었다. 그래서 나는 결혼을 한 후 남편 봉급 일부를 꼬박꼬박 모아서 살림 장만의 제 일번으로 거금을 들여 피아노를 샀다. 그렇게 산 피아노를 거실에 들여놓고, 연분홍 빛 래스의 공주치마 같은 덮개를 씌우고 피아노 다리를 윤나게 닦았다. 그러고나서 나는 다시 피아노 레슨을 받기 시작했다.

아이를 등에 업고 '엘리제를 위하여' '아드린느를 위한 발라드'를 치며 세상을 다 가진 듯 너무나 행복해 했다. 그리고 내가 못다한 아쉬움을 아이를 통해 채우려는 듯 두 아이에게도 피아노를 가르쳐 8년을 치게 하였다. 마치 아이들이 피아노를 하지 않으면 큰일이라도 생길 것 같이 열심히 가르쳤다. 음률에 대해 아이들은 정말 빠르게 습득하였고, 음감도 나하고는 달랐다.

그런데 꾸준히 피아노를 칠 것 같은 아이들도, 그리고 나도 언제부턴가 피아노 치기를 시들해했다. 그러다보니 피아노 조율도 하지 않은 채 그대로 두고, 피아노 뚜껑을 열어 본 게 언제인지 기억조차도 없다. 차마 버리지 못하고 끌어안고 있는 미련, 식구들은 아무도 치지도 않는데 자리만 차지한다고 치우라고 성화를 대지만, 아직도 난 털어낼 수가 없다. 내 아련한 첫사랑 같이 가슴 뛰던 소리와 추억을 버릴 수 없어서.

연한 색 천에 고운 물감이 잘 스며들 듯 때 묻지 않았던 영혼에 배어들었던 선율, 흰머리 성성한 지금도 슈만의 꿈을 들으면 눈물이 배어 나오고, '철새는 날아가고'를 들으면 함께 들었던 첫사랑의 사람이 생각난다. 매년 5월이 되면 야외 음악당에 울려 퍼지던 여중생들의 합창대회 노래소리가 귓가에 맴돌아 가끔 나 혼자 흥얼거린다.

'꿈속에 그려라 그리운 고향 반딧불 찾아서 헤메이던 곳...'

이 얼마나 소중하고 행복한 추억인가. 5월에는 꿈이 있었다. 쿵쿵 울리는 뜨거운 심장박동 같은. ♣

6월의 소리

흙을 밟을 수 없는 도심 한가운데 우뚝우뚝 솟아있는 아파트 숲에서 이웃들은 서로 단절된지도 모른 채 시치미를 떼고 데면데면 하면서 살고 있다. 서로 아무런 관심도 없다는 듯이 그러면서도 또 뭐가 그리 외로운지 벽에 벽을 맞대고 살아간다. 수도권 인주 집중에 주거 공간이 부족해지면서 1970년대 초부터 시작된 대규모 아파트단지 건설이 시작되었다. 한강 이남이라 이름 붙여진 지역명이 꿈과 기회의 땅으로 다시 태어나고, 그 당시 경기도 광주군 대치골의 행정구역이던 지역이 이제는 서울의 교육 메카인 강남의 대치동으로 불려진 지 오래다.

1970년대 말 나는 쌍문동에 살던 친구 혜순이가 새로 이사를 갔다는 은마아파트를 방문하게 되었다. 여름날 땡볕에 버스는 흙먼지를 뒤집어쓰고 벌판을 달려 아파트에 도착했다. 처음엔 엄청난 대단지의 규모에 놀랐지만 갑자기 쏟아진 소나기로 인해 집에 올 때는 구두에 뻘건 진흙이 둘러붙어 걷기조차 힘들었다. 나는 엉망진창이 된 구두를 바라보며 이곳은 사람이 못 살 곳이라고 생각했다. 그 당시 빈 땅으로 남아 있는 길 옆 미나리꽝에서는 여름의 광시곡처럼 요란하게 개구리가 울어댔다. 지금 생각해보면 자기들 터전에 사람들이 아무 배려 없이 막무가내로 불도저로 밀어붙이는 위기감에, 우리도 살자고 아우성을 치며 데모를 하였던 게 아닌가 싶다.

나의 단견을 깨고 1970년대 개발붐은 서울의 새로운 신화와 지도를 그리며, 많은 사람들이 선망하는 강남이라는 지명과 문화를 탄생시켰다. 미나리꽝, 논밭이던 땅이 개발되면서 발 빠른 사람들은 부를 축적해갔고, 젊은 사람들이 이주하기 시작하면서 학구열에 불타는 대한민국 교육 특구가 되었다. 강남 학군의 학교를 가는 것이 자식을 둔 엄마들의 최대 관심사로 떠오르면서 많은 사람들이 강남으로 가기 위해 강남 열병을 앓았다.

물론 나도 친구 따라 강남으로 이사를 했다. 장화 없인 살 수 없던 진흙탕 길은 계획된 도시답게 반듯반듯한 넓은 길로 포장이 되어 흙길은 어디에도 남아 있지 않았다. 그렇게나 시끄럽게 울부짖던 그 많은 개구리들은 다 어디로 사라졌는지 아무도 관심이 없었다.

30여년을 점령군처럼 살던 이 지역에 재건축 붐이 시작하면서 5층의 아파트는 더 하늘 높이 콘크리트를 올렸다. 내가 살던 5층짜리 아파트도 재건축을 통해 고층 아파트로 변신해 7년 전에 다시 입주를 했다. 21세기에 들어서며 한숨을 돌린 사람들의 의식도 달라졌고, 망가뜨린 자연의 중요성을 깨닫기 시작하면서 콘크리트로 꽉 차있던 공간에 푸른 숨을 불어넣기 시작했다.

각 단지마다 자연 친화적인 조경에 가치를 부여하며 건설사마다 회사의 자존심을 걸고 조경 비중을 높였다. 물론 사람들이 살고 싶은 친환경 자재와 조경에 따라 집값이 달라진다는 소문도 사실이다. 경쟁사의 치열한 수주전 탓인지 단지내 조경은 나름대로 사계절 조화를 이루며 꽃과 계절의 변화를 느끼도록 설계가 되어 시멘트 숲의 삭막함을 조금은 위로해준다.

너무 인위적 냄새가 나지 않게 자연 친화적인 조경으로, 억새와 애기똥풀과 산딸나무, 매발톱꽃, 부들, 노루오줌, 벌개미취 등 우리 산야의 들판에서 흔히 보던 수종으로 인공적인 느낌이 덜 들도록 만들었다. 나무와 풀 그리고 계절마다 아기자기 다른 꽃이 피는 산책길을 걸으며 이제 나는 작은 행복감을 느낀다.

입주를 한 다음 해였다. 막 여름이 시작될 무렵에 나는 귀를 의심하며 작은 흥분에 휩싸였다. 이제까지 듣지 못했던 개구리 울음소리가 들려온 것이다. 처음에는 며칠동안 어디서 틀어 놓은 녹음 소리가 아닌가 하고 의아해 하였다. 그러나 그것은 분명 개구리 울음소리였다. 아파트 산책로를 따라 작은 물길을 만들고 그 끝에는 연못이 있는데 그 곳에서 개구리가 살고 있는 것이다.

이 삭막한 도심 한가운데 개구리가 사는 것이 너무 궁금해 관리실로 찾아가 개구리를 방사 했느냐고 물었더니 모르는 일이라고 하는 것이다. 아, 개구리가 나도 같이 살자고 30여 년 만에 제가 살던 고향으로 돌아 온 것이다. 6월에 듣는 개구리 울음소리에 도심의 삭막함을 잠시 잊고 유년의 고향 집으로 돌아간다. 하늘에 쏟아지는 별똥별을 보며 거친 질감의 멍석에 누워 할머니 옛날 얘기를 듣던 그 여름밤 속으로 떠나게 된다.

엄마 말을 엄청 듣지 않고 반대로만 행동하던 청개구리에게 엄마가 죽으면서, '내가 죽으면 냇가에 묻어 달라'는 유언을 했는데, 뒤늦게 엄마 말을 듣지 않은 걸 후회한 개구리가 엄마의 유언대로 냇가에 엄마를 묻었다가 비가 오면 엄마 묘가 떠내려갈까 걱정되어 개구리가 저렇게 우는 것이라고 하시던 할머니 이야기가 아스라이 들려온다. 어린 나는 개구리가 참 바보라고 생각했었다. 나는 엄마 말 잘 듣는 착한 사람이 되어야지 하고 다짐했는데, 나는 우리 어머니에게 어떤 자식이었을까. 가끔 그런 생각을 하게 된다.

세상이 변한건지 부모가 돌아가셨다고 곡을 하면서 우는 사람이 없는 냉정한 사회가 되어가고 있어 조금은 씁쓸하기도 하고 쓸쓸하기도 하다. 나에게 그런 이야기를 해 주신 할머니는 94년도에 청주 친정집에서 돌아가셨다. 아버지는 곡을 하시며 5일장을 치르셨다. 삼베 상복을 입고 문상객을 맞은 아버지의 무릎이 다 까져 피가 낭자하게 맺혔던 기억이 아직도 지워지지 않는다. 그게 꼭 좋다고 말할 수는 없지만 그 애틋함이 난 그립다.

개구리의 울음소리에 추억과 아련한 향수를 곱씹으며 아파트 산책로를 걷는 것이 너무 행복하다. 개구리의 귀향에 이상한 위로를 느끼며 이 래미안 아파트에 사는 것이 자랑스러웠다. 누구한테든 고마운 마음에 괜스레 아파트를 건설한 회사에게까지 감사한 마음이 든 것이다. 베란다를 열어도 잘 들리지만 나는 물가를 따라 걷는 때가 많다. 더 가까이서 듣고파서, 그러면 발자국 소리에 개구리는 울음을 멈추고, 내가 자리를 옮기면 또 울어댄다. '무서워하지 마. 널 헤치거나 내쫓지 않을게. 편하게 지내.' 이렇게 마음속으로 말을 건넨다.

얼마 전에 반상회에 참석하였더니 젊은 엄마가 개구리 소리가 시끄러 살 수가 없다고 불평을 하였다. 뭐라 말은 못하고 참 예민한 사람이네 속으로 생각하였다.

"저는 참 좋던데요."

그렇게 말하면서 나는 말꼬리를 내렸고, 다른 안건들을 토의하고 헤어졌다. 그러고나서 나는 젊은 엄마에게 당신의 사랑하는 아이가 이 도심에서 개구리 울음소리를 들을 수 있는 것이 얼마나 행복한지를 말하지 못한 소심함을 자책하였다. 그날 밤을 보내고 한 이틀쯤 지났을까. 개구리가 울음소리가 들리지 않는 것 같은 생각이 번뜩 드는 것이다. 나는 가슴이 쿵 내려앉은 심정으로 관리실에 급히 쫓아갔다.

"소장님 연못과 산책로에 무슨 약 치셨어요?"

나는 따지듯이 물었다

"아니요. 왜 그러세요?"

관리소장은 의아하다는 듯이 나에게 묻는다.

"아니, 개구리가 울지 않는 것 같아서요."

이렇게 말하면서 한 마디 덧붙였다.

"혹시 일부 주민이 개구리 소리 시끄럽다고 해도 농약 치거나 그러심 안 되죠."

"아, 예. 알았어요."

하고 대답을 하며 빙그레 웃는다. 나는 아무 일도 하지 않았지만 뭔가 지켜낸 것 같은 뿌듯함과 안도감이 밀려왔다. 생명의 신비함, 작은 공간을 배려해 주면 이렇게 복원되는 위대한 자연, 그날 밤 개구리는 힘차게 울어댔다. 마치 나에게 나 잘 있다고 신호를 보내는 것 같이 말이다.

사계절 자연의 아름다움이 있는 아파트 숲의 작은 정원, 6월의 개구리 소리가 있어 더 행복한 보금자리다. 뭘 먹고 지냈는지 동면을 한 개구리가 이제 곧 찾아 올 것이다.

'네가 주인이었던 터전 다 양보하고, 구석 작은 공간에 살며 우리를 행복하게 해주고, 우리를 더불어 살게 해준 고마운 개구리야, 오래오래 우리 같이 잘 지내자.' ♣

향수

시론 시간이었다. 갑자기 시를 읊으시는 노 교수님. 잠깐 긴장감이 강의실에 흘렀다.

넓은 벌 동쪽 끝으로
옛이야기 지줄대는 실개천이 휘돌아 나가고
얼룩빼기 황소가
해설피 금빛 게으런 울음을 우는 곳
 그곳이 차마 꿈엔들 잊힐 리야

질화로에 재가 식어지면
비인 밭에 밤바람 소리 말을 달리고
엷은 졸음에 겨운 늙으신 아버지가
짚벼개를 돌아 고이시는 곳
 그 곳이 차마 꿈엔들 잊힐리야

다 읊고나신 교수님은 이 시가 월북 작가인 정지용 시인의

'향수' 라고 하시며, 정지용 시인의 시 세계와 약력을 소개하였다. 1970년대에 월북 작가의 작품은 금서가 되어 있고, 공안 경찰이 강의실에 들어오기도 하던 시절이었다. 그 시절에 월북 작가를 논한다는 것은 자칫 교수님이 곤욕을 치를 수도 있는 사건이었다. 그래서인지 정지용 시인의 시에 대한 강의를 들으면서 우리 모두는 마치 공범이 된 듯한 묘한 동지애 같은 느낌까지 들었다. 그 무렵은 다른 과목 강의를 하시는 교수님 아들이 시국사건에 연루되어 고생한다는 소식으로 학생들이 술렁거리던 때이기도 했다. 그 때 자식 걱정에 교수님의 초췌하던 모습을 보며, 무언가 도움이 될까 하고 학생회에서 연판장을 돌리고 있던 중이라서 강의실엔 더 긴장감이 돌았다.

대학생들은 연일 데모를 하고 신문 일면은 항상 시국 사건과 정치 기사로 꽉 차있었다. 교문에는 빨간 페인트로 쓰여진 유신 반대 구호가 난무했다. 그 때는 이념을 말하는 것이 경직되어 있던 시절이어서 모든 게 조심스럽고 살벌하기만 했다. 교수님이 특별한 이념이 있어서 그 시절에 위험을 무릅쓰고 이 작품을 다루셨다고는 생각하지 않는다. 그냥 좋은 시를 학생들에게 들려주고 싶으셨던 게 아니셨을까? 그때 교수님이 읊어주어 처음 접하게 된 '향수' 는 그 뒤에도 강한 인상으로 오래도록 가슴에 남았다. 그 후 나는 정지용 시인이 월북 작가든 아니든 이념을 떠나서 '향수' 라는 시가 너무 좋아서 애송하는 시가 되었다. '아무렇지도 않고 예쁠 것도 없는/ 사철 발 벗은 아내가/ 따스한 햇살을 등에 지고 이삭 줍던 곳' 으로 표현한 그곳은 내 유년의 고향 풍경이었다.

시 '향수' 는 범부들이 사는 농촌의 일상이 그림처럼 그려져 있어 잔잔한 감동을 가져다준다. 내 짧은 유년의 농촌 풍경이 고스란히 담겨져 있어서 더 정겨운지 모른다. 정말 그 시절엔 이 시에 나오는 짚베개가 있었다. 목침 비슷하게 사각으로 만든 짚베개. 이제는 추억 속 유물로 남아있지만, 우리집에도 사랑방엔 짚베개가 세 내개씩 있었다. 요즘은 직계 피붙이도 며칠을 묵어가지 않지만, 그 시절엔 5촌 6촌 당숙들도 집에서 며칠 씩 묵어가기도 했었다. 또 그 시절엔 너나없이 넉넉하지 않았지만, 그 때의 삶은 사람 냄새가 났다. 그래서 '서리 까마귀 우지짖고 지나가는 초라한 지붕/ 흐릿한 불빛에 돌아 앉어 도란 도란 거리는 곳' 은 다시 돌아가고 싶은 시절의 풍경이다. 고향은 그래서 따스한 주머니에 손이 아닌 마음을 넣고 싶은 곳이다.

며칠 전 '이제 만나러 갑니다' 라는 TV프로그램을 보니 북한 체재가 싫어 한국으로 온 많은 새터민들도 이북에서의 추억과 향수를 잊지 못하고 있는 듯 했다. 그들도 두고 온 가족 이야기를 하며 눈물을 흘리고 있었다. 홀로 또는 가족과 함께 탈출한 이들이 북한에서의 명절 풍속얘기를 하다가 눈물을 흘리며 향수에 젖는 모습을 보니, 어릴 때 반공교육으로 인해 이북 사람들은 뿔이 난 사람이라는 생각했던 때가 생각난다. 그러나 그들도 우리와 똑 같이 울고, 웃고, 아파하고, 가족을 사랑하는 평범한 정서를 지닌 사람들일 뿐이다.

캄캄할 거 같던 월북 작가의 작품이 1988년에 해금이 되었다. 그 뒤 정지용 시인의 '향수' 는 테너 박인수와 가수 이동원이 불렀고, 이제는 많은 사람이 좋아하는 노래가 되었다. 정지용 시인의 향수를 지그시 눈 감고 읊조리시던 멋쟁이 교수님은 해금을 보지 못하고 세상을 떠나셨다. 그래서인지 이념도 사상도 '시간이 약' 이라는 생각이 문득 든다. 나는 그 어떤 가곡보다도 이 노래를 참 좋아하여 지금도 가끔 한 소절씩 흥얼거리곤 한다.

하늘에는 성근 별
알 수도 없는 모래성으로 발을 옮기고
서리 까마귀 우지짖고 지나가는 초라한 지붕
흐릿한 불빛에 돌아 앉어 도란 도란거리는 곳
그 곳이 차마 꿈엔들 잊힐리야. ♣

콩가슴

여행을 떠날 때마다 호기심과 기대, 그리고 막연한 불안감이 늘 동반한다. 그러나 여행을 떠나기 전 준비 과정에서 느끼는 설레임도 참 좋다. 마치 복권을 사고 기다리는 심정처럼, 뭔가를 기대하면서 여행 물품을 챙기게 된다.

2012년 2월, 이집트로 여행을 갔다. 그 때는 이집트의 정세가 불안할 때였다. 그래서 많은 여행자들이 이집트 여행을 취소하였고, 정부에서도 여행 경계지역으로 정해 여행 자제를 권고하고 있는 상태였다. 그동안 나는 나일강 크루즈며 피라미드를 보고 싶었지만, 이슬람 국가에 대한 막연한 두려움 때문에 쉽게 그곳에 가지 못했었다. 그래서 이번에 큰 맘을 먹고 여행 경비며 모든 수속을 끝냈는데, 갑자기 이집트 시나이 반도 쪽에서 내전이 일어났다는 소식을 듣게 된 것이다. 우리 일행 8명은 다른 나라에서 분단된 우리나라도 언제 전쟁이 터질지 모르는 여행 금지국가로 분류되어 있다면서, 식구들의 만류를 무릅쓰고 서로의 불안한 맘을 다독이며 여행을 가는 것으로 결정했다.

여행을 가기로 하고 여행정보를 검색하니, 사막에서 야영을 하는데 엄청 추워서 고생한 이야기가 올라와 있었다. 그리고 현지에서 낙타털로 짠 침낭과 이불을 주는데 너무나 더럽고 냄새가 나니 오리털 파카며 담요, 비닐을 준비하라는 조언도 있었다. 친구는 김장 비닐을 내 몫까지 준비했다면서 비닐봉지 안에 들어가서 그 위에 이불을 덮고 자면 된다고 했다. 나는 모포를 챙길까 망설이다가 부피가 큰 모포는 빼고 오리털 파카와 두꺼운 겨울바지 그리고 내복을 준비했다.

우리 일행 여덟 명이 모두 공항에 모여 각자 사막에서 잘 때 챙겨온 준비물을 말하면서 점검해보니, 나와 남편만 담요를 준비하지 않았다. 심지어 핫팩까지 여러 개 준비해온 팀을 보니 은근히 걱정이 더 되었다. 그때 일행 중 한 친구가 너무 걱정 말라면서 내릴 때 비행기 모포를 챙기라고 했다. 내심 모포를 몰래 가져간다는 것이 찜찜했지만, 어차피 돌아올 때도 같은 카타르 항공이니 훔치는 것이 아니고 잠깐 빌려 쓰고 돌려주면 되지 하면서 모포를 챙겨 가야지 하고 마음먹었다.

카타르를 경유한 긴 비행시간이 끝날 무렵 곧 룩소르 공항에 착륙한다는 기내 방송이 나왔다. 우리 일행은 비행기 안에서 각자 주섬주섬 모포를 가방에 챙겨 넣었다. 물론 나도 스튜어디스 눈치를 살피며 기내에 가지고 들어간 보조 가방에 모포를 챙겼다. 우리 일행은 서로 묘한 웃음을 어색하게 지으며 공범의 스릴을 잠시 느낀 찰나, 아뿔싸 이게 웬일인

가. 모포를 챙겨 넣자마자 모포를 걷겠다는 안내 방송이 나오더니 스튜어디스가 자리를 돌며 모포를 걷는 게 아닌가? 얼굴이 시뻘개져서 부리나케 아무 일도 없었다는 듯 스튜어디스가 자리에 오기 전에 가방에서 모포를 꺼내 반납을 하고 우리 일행은 서로를 쳐다보며 겸연쩍게 웃었다. 그동안 모포를 챙긴 적도 없지만, 여행을 여러 번 다녔어도 모포를 걷는 일도 처음 겪는 일이었다. 아마도 사막여행을 계획하는 많은 승객들이 나처럼 모포를 챙겨가서 자꾸 없어지니 그 방비책으로 하나하나 수거하는지도 모른다는 생각이 순간 들었다.

아, 이제는 어쩌지? 모포를 챙기지 못한 낭패감이 아주 크게 다가왔다. 아쉬운 마음으로 일어나 나가는데 '이건 또 웬 떡'인가. 모포를 다 걷어간 좌석 아래에 아직 뜯지 않은 모포가 방긋 묘한 웃음을 던지며 나를 유혹하고 있는 게 아닌가? 망설이고 있는 나에게 앞에 있던 친구가 어서 챙기라며 눈을 찡끗하기에, 나는 잽싸게 아까 그 가방에 모포를 집어넣었다. 가슴이 콩닥콩닥 뛰고 애써 태연한 체 비행기 트랩을 내려오는데 무섭게 생긴 덩치 큰 남자 안내원이 내려오지 말고 서 있으라는 수신호를 하며 나를 제지하는 것이 아닌가?

'으이, 난 죽었다.' 정말 그 순간 나는 심장이 멎는 줄 알았다. 얼굴은 달아오르고 우리 일행은 저 아래 있어서, 홀로 트랩 위에 있는 나를 변명해 줄 수도 없는데…. 이슬람 사람에 대한 막연히 무서웠던 공포심까지 겹쳐 순간 내 마음은 지옥에 빠진 느낌이었다. 모포 한 장에 이게 무슨 날벼락인가? 순간 만 가지 생각이 교차했다. '내가 가방에 모포 집어넣은 걸 어떻게 보았지?' 그렇게 생각하며 기다리는 그 시간동안 한없이 길고도 난감한 마음이 교차했다.

얼마가 지났을까. 안내원이 트랩 맨 앞에 선 나에게 내려오라는 손짓을 하기에 난 잔뜩 겁을 먹고 내려갔다. 그런데, 아무렇지 않게 버스에 타라는 수신호를 하는 것이 아닌가? 그 안내원은 버스가 만원이라 안전상 기다렸다가 내려오라는 신호를 하였던 것인데 도둑이 제발 저렸던 것이다. 시뻘게진 얼굴로 일행과 합류해 난 심장 멎는 줄 알았다고 이야기를 하니, 일행은 내 간이 콩 만하다고 놀렸다. 떳떳하지 못한 행동은 제 스스로가 불편하고 불안한 것임을 체험한 시간이었다.

세계 각국이 불안한 정세 때문에 여행 경계경보를 내린 탓에 관광객이 오지 않아, 우리 일행은 칙사 대접을 받으며 이집트 여행을 다녔다. 람세스 3세 묘며 에드푸 사원, 코옴보 사원, 아부심벨 스핑크스 등 평소에 오랜 시간 줄을 서서 기다려야 본다는 명소들을 기다리지 않고 관람하며 아주 쾌적한 여행을 했다. 굉장한 문화유산을 가진 이집트가 그동안 통치자들의 부패와 정쟁으로 인해 후손들이 어렵게 사는 모습을 보면서 나는 지도자의 중요함을 또 한 번 절감했다. 카이로 대학을 나와 우리나라에도 유학 왔다던 젊은 가이드는 이집트의 현실에 대해 울분을 토했고, 그 모습이 안타까운 추억으로 아직 내 가슴속에 남아있다.

그때 가슴 졸이며 비행기에서 가지고 온 모포는 흰 사막에서 야영을 하는 밤에 아주 요긴하게 사용하였고, 검은 사막과 너무 대조적인 흰 사막, 또 흰 사막에서 야영을 하며 쏟아지는 별과 사막 여우를 본 신비로운 광경은 잊을 수 없는 진한 감동을 주었다. 흰 사막의 하늘에서 쏟아지는 별빛은 보석보다 아름다웠고, 귀를 쫑긋 세운 너무 귀여운 사막 여우는 익숙하게 학습된 행동으로 우리 곁으로 와서 먹이를 얻어갔다. 그때 비행기에서 가져왔던 모포는 사막에서 야영을 끝내고 돌아오는 길에 카타르 비행기 안에 잘 접어 두고 왔다.

이번 이집트 여행은 이슬람에 대해 편견을 가지고 있던 나의 무지를 깨우쳐주었다. 이 여행을 통해 그들도 평화를 사랑하는 사람들이라는 것을 알게 되면서 이슬람에 대한 막연한 공포심도 사라졌다. 가끔 '고뇌하는 사막의 베두인'이라는 투박하게 흙으로 빚은 기념품을 바라보면, 여행 중에 내 눈을 사로잡았던 터번 쓴 베두인의 도도하게 생긴, 멋진 남자가 떠오르곤 한다. ♣

골목에서 사라진 아이들

다방구, 술래잡기, 자치기, 공기놀이, 사방치기, 고무줄놀이로 언제나 골목은 시끄럽고 왁자지껄했다. 때로는 싸움으로 골목길이 소란하고, 종종 아이 싸움은 형과 언니들 싸움으로 이어지기도 했다. 그렇지만 다음 날이면 마치 아무 일도 없었던 것처럼 다시 어울려 놀았다. 요즘처럼 왕따를 시켜 괴롭히거나 누구를 따돌리지도 않았다. 해가 져서 어둑해져도 골목길 놀이는 끝나지 않았다. 저녁 먹으라고 외쳐대는 엄마의 목소리에 끌려, 땅거미가 지는 저녁 집으로 가는 것이 그 시절 풍경이었다.

변변한 놀이기구 하나 없어도 아이들은 행복하고 바빴다. 땅 따먹기, 땅속 숨은 그림 찾기, 늘 반복해 놀아도 지루하거나 재미없지 않았다. 땅속 그림 찾기는 영역을 표시한 딱딱한 땅에, 돌이나 나무로 글자나 그림을 판 다음, 팠던 흙을 다시 덮는다. 그리고 그림을 쉽게 못 찾게, 발로 꽁꽁 밟은 다음, 상대의 땅속 그림을 찾아내는 놀이다. 서로 못 보게 그림을 그릴 때는 등을 맞대고 그린다. 내가 숨긴 글자를 친구가 못 찾으면 왜 그렇게 신이 나던지, 자리를 옮기며 땅을 판 자리는, 두더지가 지나간 자리처럼 흙이 헤집어져 있었다.

땅속에 내가 숨겨둔 '나'자는 아직도 그 속에서 찾아주기를 기다리고 있으려나? 지금도 가끔 숨겨둔 글자를 찾는 꿈을 꾼다. 그때마다 술래잡기를 할 때 콩닥콩닥 가슴 뛰던 흥분이 느껴진다. 너무나 꼭꼭 숨어 아무도 날 찾지 않고 아이들이 집으로 가버렸을 때가 있었다. 아무리 숨어있어도 찾지 않아서 나와보니 친구들이 사라진 골목에 나 혼자 덩그러니 남아 있었다. 그 두렵고 싸하게 허탈했던 기억이 가끔 떠오른다. 아마도 그것이 내가 최초로 느낀 '혼자'의 공포가 아니었을까 생각한다.

단순하지만 늘 흥미진진했던 '무궁화 꽃이 피었습니다'는 스릴이 넘치는 놀이였다. 한 발 한 발 내딛을 때의 가슴 조이는 흥분, 잽싸게 한 발 한 발 전진하며 술래에게 들키지 않아야 하는 놀이는 첩보영화 한 장면처럼 늘 긴장되었다. 나는 대범하지 못해 늘 뒤에서 머무르는 때가 많았다.

그리고 고무줄놀이는 여자들의 단골놀이였다. 우리들은 노래를 부르며 박자에 맞춰 줄에 걸리지 않게 춤을 췄다. 여자아이들은 신이 나면 노래를 더 크게 부르며 남자 애들을 약 올렸다. 그 꼴을 못 보는 남자 아이들이 고무줄을 끊어가면 여자아이들이 벌떼처럼 쫓아가 싸우곤 했다. 지금 생각하니 같이 놀고 싶다는 말을 못한 개구쟁이의 치기 같은 거였다.

남자 아이들은 구슬치기와 딱지치기를 하고, 여자들은 지우개 따먹기를 즐겨했다. 얼마 후에는 핀 따먹기가 한창 유행이 되었다. 핀을 따서 줄래줄래 가슴에 달고 다니던 시절, 내 동생 윤희는 핀 따먹기 선수여서 한 뭉치씩 핀을 가슴에 달고 다녔다. 아버지가 넘어지면 가슴 다친다며 핀을 뭉치째 재래식 화장실에 던져도 동생은 또 어느새 핀을 한 뭉치 따서 숨기고 다녔다.

겨울이면 미나리꽝이 썰매장으로 바뀌었다. 나무판에 굵은 철사로 심을 박아 만든 썰매가 대부분이었다. 어쩌다 스케이트 날을 박은 썰매는 특제로, 그 썰매는 힘 안들이고 씽씽 달려나갔다. 그 썰매를 타는 아이는 다른 아이들의 부러움을 받았다. 친구를 졸라 순번을 기다려 잠깐 타 본 빠른 썰매의 속도에 얼마나 신났는지 모른다. 참 소박했지만 행복한 시절이었다.

얼음이 깨져서 물에 빠지는 것을 우리는 메기 잡는다고 했다. 얼음이 녹는 초봄에는 여기저기서 아이들이 메기를 많이 잡았다. 나 혼자 메기를 잡은 것보다 메기 잡는 친구가 많으면 덜 약이 오르고, 내 잘못이 아니라는 이상한 논리로 위안이 되기도 했다. 메기라도 잡는 날은 발도 시리고 옷도 흙범벅이 되어 엄마한테 혼이 나기 때문에 기분이 잡치는 날이었다. 동네 공터와 골목은 어른들의 사랑방 같아서 누가 딱히 부르지 않아도 아이들이 모여들고 모인 아이들은 놀이를 찾아 즐겼다. 골목은 다락방처럼 편하고 좋았다.

지금 내 아이들에게는 골목이 없다. 골목이 없기도 했지만, 설사 골목이 있다 해도 그 골목은 안전한 놀이터가 되지 못했다. 차량과 오토바이는 골목에서 아이들을 몰아냈다. 사라진 골목, 주거지가 아파트로 바뀌고 아파트의 놀이터가 아이들의 골목 역할을 겨우 했다. 아파트단지 내에서 자전거를 타고 롤러스케이트를 타고, 미끄럼과 그네를 타며 아이들은 그런대로 그 또래 놀이를 즐겼다. 그런데 요즘은 아파트 놀이터에서 아이들을 거의 보기 힘들다. 어쩌다 유모차를 타고 나오는 유아들을 가끔 볼 뿐이다. 놀이를 한창 즐길 아이들이 동네 헬스클럽에서 줄넘기와 자전거 타는 요령을 강습 받는다. 아이들을 지도하는 강사가 2-3명의 아이들을 지도하고 있다.

내가 줄넘기를 배울 때 줄이 발에 자꾸 걸려, 땀을 뻘뻘 흘리며 언니에게 또는 또래에게 줄넘기의 요령을 열심히 배웠다. 오랜 연습 끝에 두 번 넘기를 성공했을 때는 뭔가 이뤄냈다는 성취감으로 가슴이 참 뿌듯했다. 그 시절 아이들은 놀이과정에서 적당히 타협하고 양보하는 지혜를 스스로 터득했다. 요즘 아이들은 친구와 공유하는 시행착오의 추억이 적어, 끈끈한 유대감도 없지 않을까 염려스러운 마음이 든다. 과정은 쉽고 간단할지 모르지만 말이다.

나는 서툰 솜씨로 친구와 손가락을 찧어가며, 차돌을 깨서 적당한 크기로 공기돌을 만들었다. 처음에 울퉁불퉁 모나고 거칠던 공기는 어느새 닳아 반들반들 둥근 구슬이 되어 잘 굴렀다. 예쁜 공기돌은 어린 날 나에게 있어 소중한 보물이었다. 공기를 유난히 잘 해서 100년도 금방 달성하던 내 친구 이채옥이 생각난다. 진지하게 요령을 알려주고 나는 열심히 손 꺾기를 연습했던 유년시절, “경희야, 놀자” 하면서 나를 다정하게 부르던 친구 목소리가 그립다.

이제 골목길은 사라지고 없다. 나는 골목길마저 사라진 번잡한 도시에 이방인처럼 산다. 보고 싶은 친구들, 가끔 그 골목길의 어린 나로 돌아가고 싶다. 볼이 빨개져 다방구, 다방구 크게 소리치며 놀 때, 내 이름을 부르던 엄마의 음성, 저녁노을이 살구빛으로 물들던 그 시절 아이로 말이다. ♣

그대 그 마음

"여보, 빨리 빨리."

"자기가 늦장부리고, 마치 내가 늦은 것처럼 재촉이야."

"뭘, 내가 늦장 부렸다고 그래? 할 일이 많으니까 그렇지?"

"참 이해할 수 없어. 당신은 어디 간다고 하면 평소 안하던 일까지 찾아 하고 막판에 시간 없다고 동동거리냐?"

"아, 그래그래. 당신이 도와주면 좀 안 돼?"

"꼭 지금 냉장고며 베란다까지 정리해야 하냐고?"

"또 시작이다, 시작. 됐어, 됐어."

나는 궁시렁 대면서도 조금씩 기분이 나빠지기 시작한다. 여행을 떠나는 날마다 출발 전에 반복되는 풍경이다. 여행을 떠나는 날짜가 이미 정해져 있음에도 나는 꼭 가는 날에 임박해서야 옷장이며 냉장고를 정리하는 습관이 있다. 벼락치기 공부에 길들여져서인지 꼭 여행 전날에서야 이것저것 정리하느라고 난리를 피운다. 그냥 갔다가 와도 되련만 이상하게 여행을 떠날 때는 내 집인데도 뒷정리를 하고 떠나야만 맘이 편하다.

달랑 자기 짐만 챙기면서 여유만만하게 탱자탱자 하고 있는 남편을 보면 때때로 얄밉고 섭섭하기만 하다. 집에 남아 있는 아이들 밑반찬과 먹거리를 챙기고, 강아지에게 필요한 물품까지 챙기다 보면 내 몸과 맘은 무척 바쁘다. 조금이라도 도와주면 일하기가 수월할 텐데 남편은 무신경한지 그런 뜻이 없나보다. 그러다보니 같이 외출준비를 해도 항상 내가 늦게 된다. 어쩌다가 밖에서 만나기로 하여 약속 장소에 내가 조금이라도 늦으면 그저 핀잔을 주기 일쑤다.

"여보, 미안해. 차가 밀려서…"

미안한 맘에 이렇게 한 마디 하면 바로 내 마음을 긁어놓는다.

"뭐, 자기 늦는 게 어디 한 두 번이야? 내가 그럴 줄 알았어."

마음 졸이면서 동동거리고 온 나는 그 말을 들으면 미안한 마음이 사라지고 갑자기 화까지 난다. '으이그, 속 좁은 남자 같으니라고. 이왕 늦은 거 괜찮다고 다독여주면 얼마나 좋아?' 하고 속으로 생각하지만 이미 미안한 기분은 사라지고 나의 마음도 삐짐이다. 저런 남자가 결혼 전에는 약속 장소에 5시간이나 늦게 간 나를 돌부처처럼 앉아서 기다린 남자였다니…. 그 때 미안하다고 어쩔 줄 몰라 하는 나에게 오히려 아니라고, 자기는 기다리는 게 좋았다고 말한 남자가 아니었던가? 그 생각을 하며 나는 남편에게 따져 물었다.

"아니, 그 때는 왜 그렇게 너그러웠어? 몇 시간을 기다리고…"

"야, 너는 잡은 물고기에 밥 주냐? 그 때는 너에게 잘 보이려고, 널 잡으려고 그랬지."

"치, 날 잡았다고? 잡긴 뭘 잡아? 그리고 잡았음 더 잘해 줘야지. 나빴어, 아주."

남편과 한바탕 이렇게 말싸움까지 하고 나니, 이제는 서로에게 너무 길들여져서 상대를 어려워하지 않고 흘려보는 탓이라는 생각이 들었다. 나 역시 남편을 무의식적으로 잡은 물고기라 생각하고 있었으니까.

남편과 연애를 할 때였다. 소양강 댐으로 데이트를 하러 갔는데 댐을 보더니 갑자기 나에게 원자폭탄에 대해서 우라늄이 어쩌구 임계질량이 저쩌구 하면서 폭탄 제조법을 열심히 설명하는 것이었다. 데이트 중에 난데없이 원자폭탄 이야기를 장황하게 설명하는데 사실 나는 아무 재미도 없었고 잘 이해되지도 않았다. 지금 같았으면 아마도 '아, 재미없어, 시끄러워. 뜬금없이 그 딴 이야기나 하느냐' 고 뒤움박을 주었을 것이다. 그런데 그 때는 최대한 호의적인 눈길로 바라보며 재미있다는 듯이 '아, 예.' 를 연발해가며 장단을 맞추어주지 않았던가? 또 연극을 보거나 영화를 보면서 서로 많은 시간을 공유하였고, 그때마다 동질감을 느꼈었다.

오늘도 우리들은 소통, 소통 하고 말하면서도 불통의 시대를 살고 있다. 가까운 사이에도 타성에 젖어 상대가 그냥 다 알겠거니, 또 당연히 이해하겠거니 하고 그냥 묵과하면서 살아간다. 남편과 나도 서로에게 잘 보여야 할 필요가 없다고 생각하거나, 장단 맞추어주지 않는다고 해서 네가 날 어쩌랴 하는 배짱만이 앞선 건 아닐까? 얼마 전 결혼기념일에도 그랬다. 내가 혼자 기념으로 뭘 사지 못하랴만 남편에게 응석 삼아 한 마디 했다.

"여보, 결혼 30주년인데, 다이아먼지 반지 하나 사줘야 되는 거 아냐?"

"야, 너만 결혼했냐? 나도 결혼했다."

하고 말하면서 남편은 퉁치자고 한다. 사실 반지가 필요해서라기보다는 그냥 남편에게 한번 응석을 부린다고 해본 말인데, 이렇게 뻔대없이 응답을 한다. 옛날에는 안 그랬는데, 그 때는 안 그랬는데 하고 말해보아야 나만 손해다.

남편 말로, 내가 잡은 물고기 처지가 아니었을 때였다. 동숭동에서 입학하여 관악캠퍼스로 간 늦깎이 복학생인 남편이 장학금을 두 세 곳에서 탔다면서, 싫다고 사양하는 나를 이끌고 가서 검은색 울 개버딘 버버리와 자주색 울 그레이프 투피스를 맞춰주었다. 그게 남편에게서 받은 첫 번째 선물이었다. 그 후 이런 저런 선물을 남편에게서 받았지만, 그 때 그 선물을 받았을 순간의 기쁨과 감동을 능가하지는 못한다.

그런데 지금은 그 시절보다 가난하지도 않은데 마음이 가난해진 탓인지 남편은 선물에 무척 인색하다. 그런 남편을 보면 참말로 아내에 대한 이해가 부족하다는 생각을 한다. 내가 정말 갖고픈 건 바로 첫 선물을 해주었을 때 지녔던 그런 당신의 마음인데…. 이제라도 나를 잡은 물고기라 여기지 말고 잡아야하는 물고기로 생각해 달라는 것인데…. 어쩜 남편의 속마음은 통통해진 나를 보며 '아이고 이럴 줄 몰랐다고, 알고 보니 불량품을 잘못 골랐다' 고 푸념하고 있는지도 모르겠다. ♣

분갈이

친구가 우리 거실을 들어오며 말한다.

"아니, 웬 옥수수를 이렇게 많이 길러?"

"뭐 옥수수?"

"그래."

"너 미국 가서 사는 동안 한국은 무지하게 발전해서 이제 집안에서 옥수수 길러 1년 내내 따 먹는 거 모르지?"

나는 친구를 놀리며 천연덕스럽게 거짓말을 했다. 친구 입에서 튀어나온 옥수수라는 단어에 우습기도 했지만, 행운목은 정말 옥수수 잎을 닮은 나무다. 그 후론 나도 농담 삼아 행운목을 옥수수나무라고 부른다. 왠지 더 정다운 느낌이 들어서 말이다.

85년 봄, 32평 새 아파트에 입주한 풋풋한 젊은 주부였던 나는 설렘과 기쁨으로 집안 꾸미기에 온통 정신을 팔고 있었다. 베란다에 연못을 만들어 분수도 만들고 금붕어도 기르고 새장에 예쁜 십자매와 잉꼬새도 기르고, 온갖 꽃나무와 함께 그 당시에 유행하기 시작한 행운목을 두 그루 샀다. 나름

의미를 붙여가지고 말이다. 딸을 낳으면 오동나무를 심는다던데 오동나무 심을 곳은 없고하니, 행운목을 사며 두 아이들에게 '이건 응석나무' '이건 혜승나무' 라고 명명하였다.

"누구 나무가 잘 크나 엄마가 볼 거야."

아이들에게 나무도 너희들의 마음과 정성을 다 아니까 어떻게 사랑하는지 볼 거라면서 훈계와 가벼운 협박을 덧붙였다. 처음에는 초등학교 1학년, 유치원생이던 두 애들이 물을 주기도 하고, 나무에 말을 걸기도 하며 엄마의 바람대로 식물과 교감을 나누었다. 그러나 아이들은 자라면 자랄수록 동화속에서 걸어 나와 건조하게 변해 가더니, 어느새 자기 이름을 붙여준 사실조차 잊고 관심을 두지 않았다.

그래도 행운목은 예쁘게 잘 자라 새가지가 무성하게 나오고, 키가 천장 끝까지 닿아 밑동을 잘라 뿌리를 내려 키웠다. 그리고 새순은 물에 뿌리를 내려 분갈이를 하여 다른 화분에 이사를 시켰다. 그렇게 하다보니 화분은 네 개로 늘었다. 그래서 우리는 네 식구가 다 각자의 나무 한 그루씩을 갖게 되었다. 참 예쁜 것이, 다른 꽃들은 진드기도 끼고 시들기도 하는데, 행운목은 떡잎이 져서 미워져도 깨끗하게 잘 자라주었다.

27년을 키운 행운목은 둘레와 키가 커서 몇 번 이사를 할 때마다 차를 따로 불러 잎이 다칠새라 먼저 집안에 모셔야 했다. 90년 겨울 거실에 옮기는 일을 차일피일 미루다 베란다에서 냉해를 입어 잎이 누렇게 뜨고 어린 순은 죽어버려

뽑아내야 했다. 그때 얼마나 미안한지 마음마저 개운치 않았다. 그 뒤 거실에 들여놓고 반신반의하며, 깻묵 거름을 주고, 줄기에는 비닐을 씌어 냉해를 치료했더니 세상에나, 다시 연녹색의 푸른 잎을 쑥쑥 내밀고 나올 때의 생명의 경이로움과 감사한 마음은 지금도 잊을 수가 없다.

러시아의 식물학자가 식물에게 '너 예쁘다 너 예쁘다' 하고 사랑을 준 식물은 그 사람이 다가가면 부드러운 좋은 사이클을 보내고, 툭툭 치고 밉다고 하는 사람이 다가가면 신경질적인 날카로운 전파를 보내는 걸 증명하는 프로그램을 본 기억이 있다. 요즘 동물에게나 식물에게 좋은 음악을 들려줘서 생산증대에 많은 효과를 본다는 것은 이미 많이 알려진 사실이다.

정말 다시 건강하게 자라나 줘서 얼마나 고마운지 모른다. 그 뒤부터 난 물을 주며 잎에 먼지를 닦아주고 '아이고 이뻐라'를 연발한다. 그런 정성에 보답이라도 하듯 두 아이 입시 때마다 눈부시게 탐스럽고 하얀 꿀이 뚝뚝 떨어지게 꽃을 피웠다. 그 향은 정말 매혹적이다. 언젠가 남산 식물원에 행운목 꽃이 피었다는 뉴스를 보도하는 것을 본 적이 있다. 모르긴 해도 꽃을 피우기 쉽지 않은 까닭이리라.

처음엔 꽃이 핀 줄도 몰랐다. 승강기 안에서부터 좋은 냄새가 나서 누가 승강기 안에 향수를 뿌렸나 했다. 그런데 집안에 들어가니 라일락 향과 재스민 향을 섞은 듯한 향이 얼마나 진한지, 향을 쫓아가보니 행운목 대궁에 눈부시게 하얀색의 탐스럽기는 수국 같고 꽃잎의 형태는 수수꽃다리 같은 꽃이 핀 것이 아닌가?

아들에게 좋은 일이 일어날 것 같은 강한 예감과 꽃에 대한 고마운 마음이 들었다. 나는 우리 집에 행운목 꽃이 피었다고 사방에 떠들어댔다. 매일매일 꽃의 변화를 사진에 담았다. 별로 오고 싶어하지 않는 친구도 차 마시러 오라고 불러들였다. 그러다보니 꽃이 지는 게 얼마나 아쉽고 아깝고 안타까운지 모른다.

꽃은 일주일 쯤 피는데 꿀이 뚝뚝 떨어져 내리고, 낮에는 꽃잎이 오므라들고 밤이 되면 꽃이 만개한다. 꽃이 만개할 때 나는 행복한 향은 낙원에 초대된 듯한 느낌이어서 정말 모두를 초대하고 싶을 만큼 좋았다. 지금도 정말 의아한 것은, 큰아이와 작은아이에게 좋은 일이 있을 때마다 번갈아 꽃이 피었다는 사실이다. 오죽하면 친구가 그 이야기를 듣고 자기아이 입시 때 그 꽃나무를 빌려달라고 했던 우스꽝스러운 일화도 있다. 그러마 하고, 말로 끝났지만 말이다.

년차를 두고 행운목이 핀 일은 무슨 일인지? 그 후로 피우지 않았던 두 나무 중 한 나무가 2002년 이사 간 새 집에서 꽃을 피웠고, 그동안 피지 않았던 다른 한 나무도 2007년 이사 온 이 집에서 자기의 소임을 다 하려는 듯 꽃을 계속 피워주었다. 이는 자기들이 받은 사랑을 선물의 증표로 되돌려준 것은 아닐는지 하는 생각이 든다.

지인들이 꽃이 핀 행운목을 분양해 달라고 해서 몇 번 뿌리를 내려 주었다. 그때마다 꼭 딸을 시집보내는 마음이었다. 분양을 해줄 때마다 마음속으로 그 집에서 잘 사랑받고 적응해서 기쁨을 주는 존재가 되기를 빌었다. 꽃을 기르며 꽃도 아이와 같아 소홀이 하면 금방 아파하는 것을 느꼈다. 27년을 기르며 분갈이도 여러 번 했다. 꽃의 크기에 따라 알맞은 화분을 선택하고 토양에 영양분을 주어 밸런스를 맞추는 것은 신경이 많이 쓰였지만 기쁨으로 한 일이었다.

어느 덧 아이들이 자라 이제는 결혼 적령기가 되니 걱정 반 기대 반이다. 인생의 분갈이를 할 시기에 좋은 짝을 만나 예쁘고 튼튼하게 살기를 너무나 간절히 기도한다. 자기들 이름으로 잘 자라 기쁨을 준 행운목처럼, 우리 아이들도 싱싱하고 건강하여 예쁨 받는, 그리고 어디에서나 필요한 자리에 우뚝 선 사회의 일원이 되리라고 믿는다. ♣

아픈 엄지손가락

여자로 태어나서 엄마가 되는 것만큼, 더 경이로운 일이 있을까? 평소 나 자신이 그렇게 자랑스럽다고 생각한 적이 없었다. 그러나 첫 아이를 낳고나니 엄마가 된 사실을 느끼는 순간 정말 나 자신이 대견하고 자랑스러웠다. 세상에 태어나서 꼭 해야 할 일을 한 느낌이었다.

첫이라는 글자로 시작되는 낱말은 크고 중요한 뜻을 담고 있다. '첫 단추를 잘 꿰어야 한다' 는 속담은 아마도 처음에 하는 일의 아귀가 잘 맞아야 하고, 시작이 잘못되면 일이 순조롭게 되지 않는다는 뜻을 담고 있는 게 아닌가 싶다. 어떤 일이나 잘못되어 낭패를 당하게 되면 우리는 첫 단추를 잘못 꿰었다고 말한다.

뭐든 첫 번째 해보는 일은 기대도 크지만 또 그만큼 실수도 많이 하게 된다. 그래서 첫 번째 경험하는 사건이나 일을 무사히 마쳤을 때는 더 감동이 크고, 의미와 혜택도 크다. 아주 오랜 시간이 지났지만 첫 입맞춤은 나의 기억에 보석처럼 박혀 있다. 아마도 아주 늙어서까지도 기억에 강하게 남아있을 것이다. 첫 번째로 장만한 집과, 첫 번째로 산 자동차도 오래도록 흥분과 감격이 가슴에 남아있다. 그러나 그 어떤 경험도 첫 임신의 기쁨과 환희를 능가하지는 못할 것이다.

첫째 아이의 탄생. 아이는 큰 기쁨으로 우리 속으로 들어왔다. 아이가 크며 하는 행동 하나하나, 딸꾹질 하나까지도 그저 신기하고 고마웠다. 그 아이의 첫 걸음과, 첫 생일과, 초등학교 입학식 때의 벅찼던 뿌듯함을 잊을 수 없다. 독서광인 아이를 보며 범상치 않은 아이라는 생각이 더 굳어져서 점점 기대도 커져 갔다. 항상 다른 아이와 다르다는 착각속에 살았다.

대단한 인물이 될 거라고 믿어 아무렇게나 그린 낙서 한 장 까지도 버리지 못하고 다 모아 묶어 놓았다. 초등학교 6년 동안 쓴 일기장도 양장 제본을 해서 책으로 만들어 보관했다. 어느 것 하나 소중하게 생각하지 않은 것이 없었다. 첫 번째 신은 신발, 첫 번째 장갑, 돌 때 입었던 한복 등등 아이를 스쳐 지나간 모든 흔적 하나하나 특별하고 소중하게 간직했다.

그런데 그렇게 사랑스럽기만 하고 미덥던 아이가, 초등학교를 끝으로 내 맘대로 되지 않기 시작했다. 아들이 중학생이 되면서부터 아이가 자라는 속도보다 나의 욕심과 조바심이 더 빨리 자라기 시작했다. 아이가 하는 것이 성이 안차기 시작했고, 반 발짝 앞서 끄는 것이 아니라 세 발자국을 앞서서 아이를 이끌기 시작했다. 뛰지 않는 아이를 보고는 혹시 뒤처질까봐 윽박지르기까지 했다.

1등을 하던 아이가 2등, 3등이 되면 더 떨어질까봐 조바심을 내곤 했다. 나는 내가 시험을 보는 것처럼 교과서를 훑어보며 요점정리를 해서 아이에게 주입시키고, 문제를 내서 틀린 답을 말하면 아이를 다그쳤다. 새벽에 공부한다고 일찍 자면서 새벽에 깨워 달라는 아들의 부탁에 아들이 요청한 시간에 못 일어날까봐 밤새 조바심하며 잠을 한 숨도 못잤다. 그런데도 정작 아들을 깨워 놓으면 아들은 고개를 끄떡이며 졸았다. 조는 모습을 보고 책상을 자로 딱딱 시끄럽게 내리쳐도 다시 조는 아이를 보면 울화통이 치밀었다.

겉으로는 우아한 척, 아무렇지도 않은 척을 했지만 남보다 잘났다고 생각한 아들이 남에게 조금이라도 뒤처지면 속이 부글부글 끓었다. 항상 내 아이는 뭐든 최고여야 된다는 강박관념에 사로 잡혔다. 아이의 성적 몇 점에 따라 내 마음은 지옥과 천당을 오가기도 했다. 아이의 성적에 만족하지 못할 때마다 사랑이라는 이름으로 아이에게 많은 상처를 주었다.

아들은 고등학교를 들어가자마자 내 말에 순응을 하지 않았다. 그때부터 내가 할 수 있는 일은 그저 밥을 해주고 아들의 비위를 맞추면서 어서 철들기를 바라는 마음뿐이었다. 고교시절 내내 나 혼자 춤을 췄을 뿐이지 정작 아이는 공부를 열심히 해야 한다는 생각조차 하지 않았다. 학교에서는 조는 일이 태반이었고, 과제물도 잘 해가지 않았다.

"엄마, 나 학원 가서 매일 엎드려 자고, 학교 숙제 안해

가서 매일 혼났어. 엄마는 헛돈 쓴 거야.”

대학에 들어갔을 때서야 아이는 이렇게 고백을 했다. 대학에 들어간 후 물 만난 고기처럼 싸돌아다니면서 대학 4년을 보냈다. 그동안 단 한 번도 책상에 차분하게 앉아있는 모습을 보지 못했다. 궁금해서 뭘 물으면 퉁명스럽게 대답하기가 일쑤였고, 밤 12시가 넘어도 귀가하지 않는 때가 많았다. 밤에 아들을 기다리다가 걱정이 되어 전화를 하면 퉁명스럽게 말하곤 했다.

“너, 지금 누구랑 어디 있니?”

“아이 참, 나 사회생활 못하겠네. 마마보이라고 소문나서.”

이렇게 말하곤 전화를 끊을 때마다 아들이 괘씸하고 분했다. 그 순간에는 앞으로 아들에게 신경을 끊겠다고 맹세를 해보지만 그 맹세는 일주일도 가지 못했다. 그 뒤로도 아들은 ‘다녀 왔습니다’ 이렇게 한 마디 하곤 제 방에 들어가서는 새벽 2-3시가 되도록 소곤대며 전화를 하거나 게임을 했다. 그리고 여자 친구를 사귀더니 비밀이 생기고 살갑게 굴지도 않았다. 갈수록 밉고 야속했지만 그래도 한 때의 소원함이겠지 하면서 아들에 대한 기대를 놓지 않았다.

아들이 대학에 입학했을 때부터 나는 자립심을 키우라며 용돈을 안주었다. 그래서 아들은 아르바이트로 자기의 용돈을 벌어서 썼는데, 그래도 틈틈이 돈을 줄 때는 무슨 말을 하면 듣는 척이라도 했다. 그런데 회사에 들어가면서 스스로 돈을 벌게 되자 돈의 약발도 더 이상 듣지 않았다. 첫 월급을 타고는 생색을 내가며 부모님 용돈이라며 돈을 조금 주더니, 그 뒤부터 월급액수도 말하지 않는 것은 물론이고 모든 일에 상의 한 마디 하지 않았다.

나는 시간이 갈수록 아들에게 섭섭하고 허망한 마음이 들고 허전하기만 했다. 아들이 번 돈을 내가 쓰지도 않겠지만, 내심으론 엄마한테 어떻게 돈을 모을까 자문이라도 구할 줄 기대했었는데 시간이 흘러도 아무런 말이 없었다. 사회인으로 우뚝 서서 뚜벅뚜벅 걷기를 바란 부모의 보살핌이나 응원은 안중에도 없이 저 혼자 앞장서서 걸어갔다.

아들은 자동차를 끌고 나가더니 이런저런 접촉 사고를 자주내곤 했다. 그런 행동이 마음에 안 들어서 자동차를 쓰지 말라고 했다. 그랬더니 한 마디 상의도 없이 몰래 차를 사서 몰고 다니는 것을 나중에서야 알았을 때는 뒤통수를 한 대 얻어맞은 느낌이었다. 아무리 그래도 그렇지. 마음 속으로 '나쁜 자식 같으니라고' 중얼거리며 괘씸하고 분한 생각이 머리에서 떠나지 않았다. '내가, 저를 어떻게 키웠는데…' 하며 지난날을 생각하다보니 고까운 생각을 지울 수가 없었다. '차를 사면 산다고 말을 했어야지' '새 차를 샀으면 제일 먼저 부모에게 시승식을 시켜줬어야지' 하면서 도둑고양이처럼 몰래 자기 혼자 타고 다닌 아들이 괘씸하기만 했다.

내가 아들 차를 탈 일도 없었지만, 어깃장을 놓느라고 아들에게 한 마디 했다.

“야, 너도 내 차 타고 다녔으니까, 니 차 나도 타게 열쇠 좀 주라.”

“타세요.”

아들은 내가 말할 때마다 순순히 대답하면서도 끝내 열쇠는 주지 않는다. 그런 아들을 보며 앞으로 아들에 대한 나의 모든 기대치를 내려놓으리라고 굳게 다짐을 했다. 철이 들면 엄마 마음을 이해하겠지 하고 기대했던 한 가닥 기대마저 조금씩 무너져 내리고, 이제는 왠지 아들과의 사이가 너무 멀리 와버린 듯해서 서글펐다. 그리고 언제나 최고라고 치켜세웠던 엄지손가락이 이제는 너무 아프게 내 가슴을 쳐댔다. 그런데 치매 증상이 있는 것인지 이틀도 지나지 않아서 ‘아들에게 무엇을 해줄까?’ 하고 이런저런 궁리를 하는 나를 생각해 보니 난 아들바보인 것이 분명한가 보다.

‘아들아, 이제 너를 떠나보낼 때가 된 것을 엄마가 왜 모르겠니? 그렇지만 구순 노모가 칠순 아들을 걱정하며 ‘아들아, 차 조심하라’ 고 말하는 심정을 헤아려 주렴. 그동안 첫 번째 해보는 부모 역할이 서툴러서 너에게 많은 시행착오를 범했구나. 너도 나에게 상처를 많이 받았겠지만, 늙어가는 나도 너로 인해 상처를 많이 받는단다. 아들아, 우리 첫 단추를 잘못 꿴 것은 아니지? 으이그, 떠나보내지 못하는 아픈 엄지손가락인 아들아.’ ♣

딸과의 싸움

세상에 뭐 하나 만만한 게 없지만 그 중에서도 가장 힘든 것 중의 하나가 자식을 키우는 일이 아닌가 싶다. 바꿔 말하면 절대 포기가 안 되는 일이기 때문이 아닐까 싶다. 기대치가 무너지고 또 무너져도 기다리고 또 아닐 거라고 믿다가 또다시 실망을 해도 말이다. 옛말에 자식 둔 사람은 눈감을 때까지 입찬소리 못한다는 말이 있다. 그 말과 같이 남의 일이라 생각했던 일이 나에게 안 일어난다고 아무도 장담할 수 없다.

아이를 키우다 보면 이런저런 황당한 경우를 당하기도 하고 또 엄마가 원하고 꿈꾸던 모습과는 다른 모습을 발견하게 될 때 실망을 하기도 하고 또 화가 난 적이 얼마나 많은가. 아이를 나무라고 나서 왜 지금 저 아이가 저런 행동을 했나 생각해 보면 그건 대부분 나의 어떤 행동에 원인이 있었음을 뒤늦게 깨닫고는 정말 아이를 키우는 일에 책임의 무거움을 느낀다.

얼마 전 딸과 크게 다투었다. 친구들과 모처럼 영화도 보고 유쾌하게 수다를 떨다가, 한껏 들뜬 기분으로 집에 들어오니 웬일로 딸아이가 일찍 귀가해 제 방에 있는 것이 아닌가. 매일 늦은 귀가에 집에 있다고 생각지도 않았는데 딸이 있어서 반가운 마음에, 옷도 안 벗고 딸 방으로 들어가면서 톤 높은 목소리로 반가움을 표현하였다.

"웬일이야 딸."

이어서 오늘 있었던 얘기를 하려고 무심결에 들고 나갔던 핸드백을 딸의 침대에 내려놓았다.

"엄마 이걸 여기 놓으면 어떡해?"

딸은 갑자기 기겁을 하면서 내 핸드백을 방바닥에 휙 내려놓았다. 순간 나는 뒤통수를 얻어맞은 무안함과 황당함과 분노가 치솟아 할 말을 잃고 멍하니 있다가 욕이 튀어 나왔다. 핸드백을 내려놓은 게 아니라 나를 밀어낸 기분이 강하게 든 것이다.

"아니 계집애, 너 미쳤어? 왜 그래?"

욕을 해도 분이 풀리지 않았다. 정말 순식간에 벌어진 일이었다.

"야 내가 무슨 전염병 환자라도 되니?"

그렇게 말하면서 펄펄 뛰었지만 분은 가라앉지 않았다. 딸한테 무시당한 거 같아 눈물까지 났다. 딸과 서로 언쟁이 오가다보니 딸도 울고 나도 울고 난리도 아니었다.

"그래 너 잘났다."

그렇게 말하면서 나는 딸의 방문을 부수듯 닫고 나왔다.

그리고 며칠을 생각해도 딸이 너무나 괘씸해서 눈길조차 주지 않고 지냈다. 아침마다 갈아주던 주스 한 잔도 더 이상 해 주지 않았다. 다녀오겠습니다, 다녀왔습니다 하고 말하는 딸의 인사에도 대답을 않으면서 지냈다. 그렇게 딸을 무시했어도 내 마음은 계속 부글부글 끓었다. 이제는 다 컸다고 벌써 나에게 막 대한다고 생각하니, 더 억울하고 화가 치밀었다. 내가 저를 어떻게 키웠는데 하면서 기와집을 몇 번인가 짓고 부수고 했다. 절대로 더 이상 관심 표명을 하지 않겠노라고 스스로 다짐을 하며, 괘씸한 계집애하고 되뇌이면서 지옥 같은 날들을 보냈다.

딸과의 냉전은 계속되고, 딸이 납작 엎드려서 내게 사과해야만 된다고 생각하고 있는데도 쉽게 다가오지 않고 버티는 딸이 너무나 얄미웠다. 그러다가 결국에는 성질 급한 내가 이런 기 싸움을 더 이상 참지 못하고 시비를 붙이며 말을 걸었다.

"야, 너 엄마한테 할 말 없어?"

"엄마, 엄마는 핸드백을 꼭 손에 들고 다니는 건 아니잖아. 여기 저기 아무 바닥에나 놓고 백화점 변기 뚜껑에도 올려놓고 그러잖아. 그것이 얼마나 불결한데…. 엄마가 핸드백을 침대에 올려놓아서 나는 내려놓은 것뿐이야."

딸은 핸드백과 외출복은 절대 침대에 안 놓고 방바닥에 놓는다고 하면서, 엄마가 너무나 갑자기 화를 낸 것이 이해가 안 된다고 따지는 것이다. 그러고 보니 딸아이는 침대에 실내복 외는 아무것도 올려놓지 않은 사실이 떠올랐다. 그러나 나는 질세라 너의 까칠한 성격에 결벽증, 그거는 고쳐야 한다고 말을 하였더니 엄마가 자기를 그렇게 키웠다고 하는 것이다.

어렸을 때 병원이나 외출 할 때면 여기 저기 손으로 집고 다니면 엄마가 여러 가지 병균이 우글우글 하다며 자기를 세뇌시켜 놓았다는 것이다. 그리고 어쩌다 이것저것 만지고 집에 돌아오면 말을 안 들었다고 벌을 주고 손바닥까지 때리면서 자기를 혼내지 않았느냐 따지는 것이다. 한 마디로 엄마의 교육이 일관성이 없다는 것이다. 엄마는 나이가 들어 털털해졌는지 모르지만 자기는 교육 받은 대로 키워졌단다. 그리고 또 그게 위생상 맞는다고 생각한다며 조목조목 따지고 들었다.

나는 갑자기 할 말이 궁색해졌다. 그러고 보니 아이들이 어려서 병원이나 전철에서 여기저기 만지고 다니면, 집에 들어오기 무섭게 옷을 벗기고 손을 씻기고 양치 시키고, 호되게 야단을 쳤던 기억이 떠오르는 게 아닌가? 내가 만든 딸아이의 결벽증에 내가 걸려 허우적거린 꼴이다. 할 말이 없어진 나는 겸연쩍게 얼버무리며 그래도 앞으론 엄마한테 친절하게 대하라고 맘 약한 주문을 하며, 슬그머니 딸 방을 나와 생각하니 또 다시 나의 완패다.

그리고 오래전 동생네 조카가 떠올랐다. 스님에게서 아이에게 불공을 드려주면 좋다는 말을 들은 동생이 신랑과 함께 세 살 아들을 데리고 절에 가서 108배를 드리고 왔단다. 며칠 후 부부 싸움을 하던 중에 종알대는 마누라 잔소리를 듣던 제부가 잔소리가 길어질 거 같고 대꾸하면 싸움이 커질 듯싶어, 가부좌를 틀고 반야심경을 소리 내 읊고 있었단다. 그러자 울상을 짓고 멍하니 부부 싸움을 지켜보던 아이가 제 아빠 앞에 와서 넙죽 넙죽 큰 절을 계속 하더라는 것이다. 아마도 아이의 머리에 염불소리가 강하게 입력되어 있었나보다. 싸움을 하던 동생 부부가 폭소를 터트리며 싸움을 끝낸 일화를 듣고 나서, 우리는 그게 다 부처님의 은덕이라고 놀리기도 했었다.

렌즈를 기울이는 각도에 따라 굴절이 달라지고 빛이 다르게 반사하듯, 아이들의 심성과 성격도 부모가 보여주는 모습이 굴절되어 나타난다는 무서운 사실을 배우게 된다. 그래서 이 나이에도 부모 역할이 어렵고 서툴기만 한가 보다. ♣

그 입장이 되어서야

자식을 낳아 기르다보면 크고 작은 일에 부딪치며 이런 저런 여러 고비를 넘기고 산다. 자잘한 일부터 진로라든가 학교 진학 문제, 또 취업 문제 등 뭐 하나 쉬운 일이 없다. 그렇지만 그 중에서 제일 어렵고 난감한 일은 자식의 배필을 찾는 것이 아닌가 싶다. 진학과 취업이 어렵다고는 하나 그것은 자기 노력으로 스스로 찾으면 되지만 자식의 배우자를 찾는 일은 장성한 자녀를 둔 모든 부모들의 최대 관심사며 또한 어려운 숙제이다. 이제껏 살았던 혼자의 영역을 낯선 사람과 공유하며 서로 눈높이를 맞춰 길들여 가는 과정이 결코 쉬운 일은 아니기 때문이다. 살아온 환경과 성격이 다르고 습관 가치관과 문화가 다른데 그 걸 다 조화롭게 맞출 사람을 찾는다는 것이 얼마나 힘들면 돌다리를 건널 땐 3번 두드리고 결혼을 할 때는 7번을 두드려보고 건너라고 했을까?

나도 혼기가 꽉 찬 두 아이의 엄마로서 여기저기서 날아오는 청첩장을 받으면 조바심이 났다. 한 치 앞을 알 수 없지만,

이런 저런 노파심 끝에 나름 괜찮다 싶은 짝을 딸에게 소개시켜 주면 느낌이 없어 싫다며 퇴짜를 놓곤 했다. 그렇다고 연애를 하여 짝을 데려오지도 않고 시간만 자꾸 가니 걱정으로 불면증에 시달리기도 했다. 딸이 소개팅을 하고 오는 날이면 죄인인양 들어오는 아이의 눈치를 살피며 전전긍긍하는 일이 다반사였다. 왜 다른 애들은 연애도 잘하는데 연애도 못하느냐고 뒤웅박을 주는 나에게 돌아오는 말은 엄마가 얌전히 지내라고 얼마나 자기를 구속했느냐며 그동안 착실하게 엄마 말만 들은 걸 후회 한단다. 참 난감하기도 하고 10시로 통금 시간을 정해놓고 종종댄 것이 후회가 되기도 했다.

딸이 내 오랜 친구의 소개로 만난 총각과 교제를 하는데, 나는 가능하면 그 총각의 뜻에 따르면서 져주고 양보하라고 했다. 그랬더니 어느 날 딸은 "엄마, 내가 외눈이야?" 하면서 버럭 화를 낸다. 마음이 급한 나는 데이트를 일찍 끝내고 오면 왜 이리 일찍 들어오느냐고 구박을 했다. 일찍 들어왔다고 구박하게 될 줄이야 예전엔 미처 생각도 못했다. 평소 딸은 늘 사계절을 사귀어 봐야 그 사람의 본 모습을 알 수 있다고 주장했는데, 매일 채근하는 내 구박 때문인지 6개월 동안 교제하더니 결혼 이야기가 나왔다. 그런데 이 무슨 조화속인가? 그리 못 보내서 안달하던 마음에 딸아이가 시집을 간다고 하니 생각만 해도 미리 섭섭하여 눈물이 주책없이 흐른다.

요즘은 세월이 좋아서 멀리 가서 산다고 해도 자주 못 보는 것도 아닌데, 딸아이가 방에 없다는 상상만으로도 너무 허전하고 슬펐다. 조잘거리는 모습을 매일 볼 수 없다는 사실에 걸핏하면 눈물이 쏟아진다. 받아 놓은 시간은 빨리 온다더니 어영부영 날짜는 잘도 간다. 난 딸을 떠나보낸다는 아쉬움에 결혼 날짜 100일전부터 딸 일기를 썼다. 의미를 부여하는 하루는 소중하기만 하다. 어떤 날은 엄마 맘을 너무도 몰라주는 것 같아 시무룩해지는 이 어미의 미묘한 감정을 딸은 모르는 듯하다. 아침이면 출근 준비하는 딸 방으로 가서 무슨 옷을 입는지 가방은 뭘 드는지 바라보는 쏠쏠한 낙도 이제 끝이라는 생각이 들었다. 속옷을 갈아입는다고 내쫓김을 당할 때마다 섭섭함에 "아유 계집애, 까칠한 성격" 하고 투덜대곤 했으면서도 말이다.

딸이 처음 웨딩드레스를 입어 보는 날은 왜 그리 내 가슴이 뛰고 설레이던지 내 손에 땀이 다 났다. 이런 부모 마음을 알까? 나이가 차서인지 모든 일을 혼자 알아서 하는 딸이 고맙기도 하고 한 편으로는 서운한 마음이 들기도 했다. 우리네 결혼 나이보다 10년이나 늦은 결혼이다 보니, 딸은 옛날엔 결혼식이 부모 주관이었지만 이제는 당사자들로 바뀌었다며 서운해 말라고 한다.

딸이 시집가기 전에 딸과 둘이서 여행이라도 함께 다녀오고 싶었지만, 여행은커녕 단 몇 시간도 같이 할 시간이 없이 바쁘게 지내서 내심 섭섭하기도 하고 얄미운 생각도 들었다.

시집을 가기 전에 함께 잠을 자자는 말을 했지만 건성으로 듣는 것만 같았다. 항상 바쁘고 피곤하다는 핑계와 함께 제 짝과 늦게까지 전화를 하곤 하여 결혼식 전날에서야 베개를 가지고 딸 침대로 갔다. 묵은 이야기도 하고 살면서 섭섭했던 이야기도 오근자근 나누고 싶었다.

한껏 부풀은 마음으로 막 이야기를 꺼내려는데 불쑥 딸은 '엄마 내가 멀리 떠나는 것도 아니고 아주 못 볼 사람처럼 그래' 하면서 '엄마 지금 안자면 내일 화장 안 먹는다'며 불을 끄더니 자야 된다는 것이다. 나는 눈물이 왈칵 쏟아지며 뒷꽁지가 머쓱해져 딱 말문이 막혔다. 내가 너랑 이야기하려고 왔지 하며 도로 베개를 들고 내방으로 와서 남편에게 딸 욕을 하며 펑펑 울었다. 집안 분위기가 순식간에 이상하게 돌아가고 나는 그 밤 내내 슬펐다. 아, 자식은 저런 존재구나. 혼자 해바라기 하다가 끝나는 관계. 그래도 저는 잘도 잔다. 딸 때문에 애태웠던 일들이 주마등처럼 떠오르며 만감이 교차했다. 그때의 서운한 심정은 아마도 눈을 감을 때까지 못 잊을 것이다.

그날 밤, 일 년 전에 돌아가신 엄마의 심정을 헤아려보니 눈물이 더 쏟아져 내렸다. 엄마가 아버지와 다투시고 우리 집에서 며칠을 계시겠다고 오신 적이 있었다. 우리 집에 오신 첫날 엄마를 아들 침대에서 주무시게 하고 엄마 옆에 누워 있다가 안방으로 와서 잠이 들었다. 아침에 일어나보니 엄마는 거실 소파에 앉아 계셨다. 그러시면서 오줌을 쌌다고 하셨다. 새벽녘에 기동이 편치 않았던 엄마는 소변을 보러 화장실을 찾으시다가 소변을 거실 복도에 줄줄 흘리신 모양이다. 엄마는 사위와 손주에게 난감해 하시더니 그렇게 하룻밤을 주무시고는 며칠을 계신다고 싸오신 짐을 다시 싸들고 부리나케 당신이 기거하는 아들집으로 가셨다.

그 때 엄마 곁에서 엄마와 살을 맞대고 잠을 자다가 화장실을 잘 모시고 갔더라면 두고두고 엄마가 너의 집에서 오줌 쌌다는 자책의 말도 안 하셨을 것이고, 몇 밤은 더 주무시고 가셨을 것이다. 이상하게 엄마는 아무도 묻지 않는데 그 말을 여러 번 하셨다. 엄마의 상황과 마음을 헤아리지 못한 나의 잘못이 두고두고 내 가슴을 아프고 아리게 내리친다. 그 밤이 엄마가 우리 집에서 주무신 마지막 밤이 되었고, 그 후 엄마는 몇 개월 후에 돌아가셨다. 딸에게 서운한 마음이 들 때면 헤아리지 못해 쓸쓸했을 엄마의 심정이 교차되어 눈물이 쏟아진다.

"이제는 천만번 후회해도 너무 늦은 시간인 걸."

그렇게 나를 화나고 섭섭하게 하였던 딸은 예쁘고 행복한 신부가 되었다. 정작 눈물을 주체 못할까 서로 눈을 마주치지 말자던 딸과의 다짐 때문인지 그 날 밤의 서운함 때문인지 나는 딸 결혼식에서 눈물을 흘리지 않았다. ♣

할머니 마음

딸의 배는 점점 불러오는데 뉴스에서는 연일 메르스 공포로 시끄럽고 비상이 걸린 나라, 급기야 대통령께서 예정된 미국 방문을 연기하는 사태까지 발생했다. 사람이 모인 곳을 너나 할 것 없이 꺼려해 대부분의 모임이 취소되었다. 어쩌다 차를 타고 지나는 한산한 거리, 교통체증에 시달려 차와 사람이 없으면 좋을 것 같았던 텅 빈 한산한 거리에, 오히려 공포를 느꼈다. 생존에 꼭 필요한 생필품을 사야할 경우, 마스크를 착용하고 최대한 사람의 접촉을 피해 구입해서는 부리나케 집에 와서는 소독제에 손을 수차례 씻는다. 내 평생 이렇게 열심히 정성스럽게 깨끗이 손을 씻은 적이 없다.

행여 불미스런 일이 발생할까 딸아이는 우리 부부의 외출을 일일이 챙긴다. 부모님을 걱정하는 마음도 있겠지만, 어미로서 청정 환경상태에서 아기를 맞고픈 건 당연한 처사일 것이다. 손녀를 맞이하기 위해 손을 백번은 못 씻을까? 모든 게 조심스럽고 또 걱정이다. 그 와중에 임산부의 메르스 감염 뉴스는 나를 더 공포의 두려움 속으로 몰아가서 신경은 더 예민해졌다.

작년 10월 18일, 딸은 3미리의 태아 초음파 사진으로 임신의 기쁨을 전했다. 언제나 성실하고 반듯하게 자기 몫을 해 기쁨을 준 딸이었다. 그 순간 늦은 결혼에 애타던 일들이 주마등처럼 떠올라 나도 모르게 주르륵 눈물이 흘렀다. 몸이 야위어 말 못하고 은근히 임신을 걱정했는데, 결혼 6개월 만에 전해진 반가운 소식은 무료한 집안에 35년만의 탄생을 맞는 기쁨으로 활기를 불어넣었다. 입덧이 심하지 않을까 걱정했는데 딸은 입덧도 심하지 않고 잘 먹어 건강하고 씩씩하게 엄마가 될 준비를 야무지게 해나가서 양가의 칭찬과 사랑을 더 받았다.

임신 전부터 즐기던 와인과 커피를 끊고 깨끗한 몸을 만들어 임신한 딸. 임신 후 임신소양증으로 가려워 피가 나도록 긁은 탓에 상처투성이인 팔에도 연고조차 바르지 않는다. 딸을 보며 어쩔 수 없는 모성의 보호본능 유전자가 강하게 크고 있구나 하는 생각이 들었다. 온 가족의 환호 속에 이름 지은 땅콩이는 1키로그램, 2키로그램씩 큰 기쁨으로 자라며 우리 곁으로 올 시간이 가까워지고 있다. 출산일은 가까워지는데 메르스로 병원 출입조차 까다로웠고, 역아로 있는 땅콩이는 고집이 센지 돌지 않는다. 나는 태아와 딸의 걱정으로 밤마다 불면증에 시달렸다. 노파심 때문인지 뒤숭숭한 꿈까지 자꾸 꾸게 되니 가시방석 같은 날이 계속되었다. 출산일이 가까워져도 거꾸로 서서 돌지 않는 아기를 보며 딸도 걱정이 되어선지 여기저기 수소문과 인터넷 검색을 해본다. 그러다가 역아를 돌려 자연분만을 유도하는 모 대학병원 선생님을 찾았다며 희망에 찬 목소리로 새소식을 전했다.

역아를 돌린다는 말을 들은 적이 없어 나는 그 시술이 정말 안전한가를 자꾸 딸을 다그치며 물었다. 조바심하는 나를 보며 딸은 이미 프랑스나 선진 몇 개국에서는 웬만해선 제왕절개를 하지 않고 최악의 상태를 제외하곤 역아도 자연분만을 한다며 설득한다. 예약일이 되어, 기대 반 우려 반 심정으로 역아회전술을 시술하는 선생님을 만났다. 내가 시술이 위험하지 않은가 하고 물으니 위험하면 자기가 7년 동안 이 일을 했겠느냐며 경우에 따라 못 돌리는 산모도 있지만 7년 동안 시술해도 이제까지 아무런 사고가 없었다면서 초음파 사진을 보고 결정을 하자는 것이다.

그런데 이건 또 무슨 일인가? 초음파 사진을 본 선생님은 아기가 탯줄을 2번 감고 있어서 태아가 위험할 수 있고 성공률도 낮아서 시술을 권하지 않는다는 것이다. 얼마 전 탯줄을 1번 감고 있었는데, 어느 사이 한번을 더 감고 있었다니 더 걱정이 되었다. 이제 마지막 바람도 사라졌고, 자연 분만으로 아이를 많이 낳기 원하는 딸의 실망도 안타깝지만 어쩔 수 없었다. 실망하는 딸을 설득하며 의료기술이 발달한 요즘은 셋까지 제왕절개로 낳는다며 이제 제왕절개의 길밖에 없으니 자연분만에 미련을 두지 말자고 했다. 그리고 잠정적으로 예정일 15일 전후로 분만일을 정하고 헤어졌다.

그런데 며칠 후에 딸아이는 역아도 자연분만으로 낳게 해주는 병원이 있어 다니던 병원을 옮겼다며 자연분만을 하겠다고 했다. 그 말을 들은 어미인 나의 불안과 초조는 하루가 가시방석이었다. 출가해서 배우자가 있는 딸이고, 또 사위도 동조하는 눈치여서 아무리 애가 끓어도 내 의견을 우길 수도 없었다. 그렇게 초조하게 하루하루가 지나갔다. 그 와중에 연일 뉴스는 메르스로 공포감을 더했다. 병원은 보호자 출입은 물론 배우자 출입도 막는다 한다.

예정일을 열흘이 지났는데도 딸을 볼 수도 없었다. 시간이 지날수록 예민해져서 나는 전화벨에도 신경이 곤두섰다. 그리고 걱정을 하다가 지쳐서 이제는 자기 고집을 피우는 딸에게 부글부글 화까지 났다. 하루종일 전화가 오기만을 기다리며 아무 것도 손에 잡히지 않는 날은 한 달처럼 길고 지루했다. 참다못해서 나는 딸에게 전화를 했다.

"너 병원 언제 갈거니?"

수술을 해야 한다는 결론을 내린 나는 빨리 병원을 안 가고 버티는 딸이 속상했다.

"엄마 왜 화내고 그래? 엄마가 그렇게 불안해 하면서 공포감을 조성하는 거 알아? 나도 무서워."

그렇게 말하며 병원서 만일의 사태에 대비해 수술 팀도 다 세팅하고 산기가 오면 병원 갈거니 걱정하지 말라고 한다. 그렇게 말하는 딸에게 욕을 하고픈 심정이나 임산부 아닌가. 대왕마마 임산부이니, '그래그래, 알았어' 하고는 전화를 끊고 나서 남편에게 딸 흉을 잔뜩 보았다.

"아이고 계집애, 고집은. 아기가 거꾸로 있고 예정일이 열흘이나 지났는데 누구 닮아 저래? 나도 몰라. 지 잘났으니 알아서 하겠지."

"당신보다 판단을 못해? 덜 똑똑해? 기다려, 기다려."

남편은 거들기는커녕 내 걱정이 지나치다고 핀잔을 준다. 한참을 남편을 붙잡고 투덜대도 불안과 걱정은 가시지 않고, 내가 할 수 있는 일은 간절한 기도밖에 없어서 환희의 신비 묵주 기도를 연거푸 올렸다. '부모 심정을 너도 곧 알겠지' 하면서도 이내 서운한 감정이 뒤엉킨다. 낮에 통화할 때도 딸은 '내일은 병원을 갈 터이니 오늘 밤은 걱정 말고 잘 주무시라'고 했다. 그러면서 '넌 나쁜 세입자야. 만기일 벌써 지났잖아. 방 안 빼면 강제로 끌어낸다'고 땅콩이에게 최후통첩을 했으니 지가 나오지 않겠느냐는 딸의 말에 웃음이 나왔다. 오늘 밤을 지나고도 산통이 없으면 강제로 실행을 할 거라는 딸의 위트있는 말에 웃음을 지으면서도, 나는 '딸도 왜 걱정이 안 되겠나' 하고 딸의 말을 믿고 하루 더 기다리기로 했다

월요일에 병원을 갔던 딸은 계속 진통이 없으면 목요일에는 유도분만을 하기로 했다고 소식을 전했다. 그런데도 나는 참을 수가 없어 하루에도 몇 번 씩 딸에게 전화를 했다.

"아직, 진통 없어?"

그렇게 묻는 나의 첫마디에, 딸은 딸대로 스트레스를 받는다고 아우성이었다. 그렇게 이삼일이 지나고 드디어 목요일

아침이 되었다. 새벽 일찍 잠이 깼지만 새벽부터 전화를 할 수도 없고 몸을 틀며 기다리다 더는 기다릴 수 없어 9시에 전화를 했는데 딸은 전화를 받지 않았다. 잠을 자는 데 일찍 전화 했다고 징징댈 딸이 무서워서 얼른 전화를 끊었다. 지루하게 전화가 오기만을 2시간 여 동안이나 기다리고 있는데 사위에게서 전화가 왔다. 오늘 병원 가서 수술을 해야 한다고 생각한 나는 사위에게 다짜고짜 물었다.

"아직도 병원 안 갔어? 몇 시에 가려고?"

이렇게 질책하는 나의 말에 사위는 기쁨에 들뜬 목소리로 말했다.

"어머니, 여기 병원예요. 조금 전 예쁜 공주 낳았어요."

하는 것이 아닌가? 나는 온 몸이 떨리며 식은땀이 흐르고 눈물이 펑펑 쏟아졌다.

"뭐라고, 정말? 아기와 산모는 건강해? 어떻게 정상 분만? 수술?"

사실 나는 무슨 말을 어떻게 했는지 잘 생각나지도 않는다. 그렇지만 아기가 발부터 나왔다고 하는 말에 딸이 얼마나 힘들게 출산을 했는지 짐작이 되어 가슴이 미어지며 눈물이 더 쏟아졌다. 언제부터 진통이 왔느냐는 나의 물음에 어제 저녁부터 진통이 와서 오늘 아침에 병원에 도착하여 2시간 만에 아기를 낳았고 산모와 아기 다 건강하다고 했다. 전화를 끊고 내심 진통 사실을 알리지 않은 딸에게 섭섭했다.

모든 게 궁금하고 당장 달려가고 싶지만 병원 출입 통제

상태니 아기와 딸을 사진으로만 볼 수 있었다. 아기를 볼 수는 없지만 하루하루가 들떠서 세상을 다 얻은 듯 기뻤다. 할머니 되는 것이 이렇게 애타는 일이라니! 병원이고 조리원이고 면회가 안되어 딸이 퇴원하여 조리원으로 가는 길에 커피숍에 잠시 모여 무슨 첩보영화 한 장면처럼 양가가 20여 분동안 아기와의 짧은 첫 대면을 감격스레 했다.

그런데 백일이 지나서 사위와 딸은 그동안 숨겨놓은 사실을 고백하였다. 그 날 입원해 아기를 낳은 것이 아니었단다. 화요일부터 진통이 시작되어 수요일 아침에 입원하여 36시간의 진통을 하고, 목요일 10시 15분에 낳았다는 것이다. 역아로 있던 땅콩이가 발부터 나오고 5분 간격인 진통이 더 이상 줄어들지 않아 발이 나온 상태로 2시간을 걸쳐 머리가 나왔단다. 원장님께 진료 받기로 예약해 대기 중이던 예비 산모들 13명이 늦어지는 딸아이의 출산을 걱정하며 불평 없이 몇 시간을 기다려 주어 원장님 마음이 훈훈했다고 했다.

그런 후기까지 들으니 그 날 딸아이를 기다려 준 임산부들에게 감사한 마음이 들었다. 딸은 진통 온다는 말을 하면, 출산이 길어질 경우 엄마의 걱정이 태산 같을 거 뻔히 알아서 병원에 입원해서 진통 중인데도 집이라고 거짓말을 하였다는 것이다.

얼마나 힘들고 무서웠을까? 담대하고 침착한 딸이 참 대견하고 고맙기도 하지만 섭섭한 것도 사실이다. 이제 세 식구가 되어 알콩달콩 잘 살고 있는 사위와 딸, 그리고 또 맞이할

아기들. 세상에 더 없이 귀한 땅콩이와 건강하고 행복한 가정에 늘 사랑이 가득 넘치기를 기도한다. 땅콩아, 힘들지만 건강하게 태어나 내게 할머니라는 이름을 준 땅콩아, 고맙고 정말 사랑한다. ♣

남자여자 염색체

1997년 세계 최초 영국의 로슬린 연구소에서 체세포 복제로 태어난 양 돌리의 탄생에 의료계와 종교계가 떠들썩했다. 난치병 치료의 길이 열렸다는 의료계와 생명 경시로 재앙이 될 것이라는 종교계의 엇갈린 전망이 왈가불가 시끄러웠다. 아직까지 부정적 측면보다는 긍정적 방향으로 발전해가고 있는 게 아닌가 싶다. 딸도 3미리 크기 초음파 사진을 핸드폰으로 전송해주며 임신 소식의 기쁨을 전했었다. 그렇게 작은 세포의 착상까지 볼 수 있다는 사실이 도저히 내 머리로는 이해되지 않지만 의료계의 혜택을 누리고 있으니 말이다. 점점 커가는 태아의 동영상, 5개월 된 태아의 성별과 얼굴 생김새까지 다 알 수 있는 기막힌 세상에 살고 있다. 참 좋은 세상에 살고 있다는 생각도 들지만 한 편으론 신비감과 인내심이 사라지는 아쉬움도 있다. 태아명 땅콩이가 여아라고 좋아하는 사위와 딸을 보며 피식 웃음이 나왔다. 내 여중 일학년 때의 일이 생각났기 때문이다.

딸부자집 둘째인 나는 늘 딸부자라는 그 소리가 멍에처럼 싫었다. 마치 딸로 태어난 나와 자매들이 우리 집안에 못할 짓을 한 공범 같은 기분으로 살았기 때문이 아닌가 싶다. 종갓집 맏며느리 엄마가 아들 한 번 낳지 못하고 계속 딸만 낳은 것과는 달리 시집 간 큰 고모는 아들을 내리 낳았다. 우리 집에 온 사내아이 4명은 온통 집안을 휘저으며 다녔고, 고모의 하하하 요란하고 화통한 웃음은 기세등등함이 느껴졌다.

거기다가 작은 엄마까지 아들을 내리 낳게 되자, 아니라고 하지만 할머니 할아버지의 편애도 있지 않았나 싶다. 엄마는 장손인 우리 집보다 작은 집에 더 크고 좋은 마늘이며 곡물을 주었노라고 하시며 속상해서 아버지께 푸념하셨다. 가시 박힌 손처럼 불편하고 아픈 엄마의 눈빛이 어린 나에게도 고스란히 전해졌다. 집안 행사에 팔 남매가 모이면 네 고모들이 큰 올케 어쩌구저쩌구 수군거리면서 말하면 왠지 따가운 눈총이 느껴져서 우리는 덩달아 주눅이 들었던 거 같다.

그렇게 엄마는 딸 다섯을 낳고 새 터전인 청주로 갔다. 뜨거운 여름날 엄마는 또 아이를 낳았다. 엄마의 얼굴은 굳었고 아버지는 아무 말씀도 하지 않고 장작불에 태반을 태웠다. 여름 밤 마당에서 타는 태반 냄새가 난 왠지 무섭고 싫었다. 장작의 열기에도 모두의 마음은 싸늘하기만 했다. 탁탁 튀던 장작의 작은 불씨가 허공에서 사그라지는 것을 쳐다보며 아무도 말을 하지 않았고, 그 침묵은 오래도록 내 마음에 그늘로 남았다.

그렇게 며칠이 지나가고 언니와 나는 진천 할머니에게 가서 소식을 전했다. 할머니는 우리를 기다리고 계셨던 듯 조용히 '에미 애기, 낳았나?' 하고 물으셨다. 나와 언니는 기어들어가는 모기소리로 '엄마, 또 딸 낳았어요' 하며 여섯 번째 막내 여동생 소식을 전했다. 그 때의 심정은 어린 마음에도 큰소리로 '엄마, 아들 낳았어요' 라고 너무나 간절히 말하고 싶었다. 딸을 낳았다는 말을 전하는 나는 꼭 죄인이 된 기분이 들어 눈물이 났다. 그 시절 종가집 맏며느리가 아들을 못낳는 것은 일종의 형벌같이 엄마의 아픔이 우리에게 고스란히 전해져서 같이 아팠다.

엄마는 아들 낳은 집 속옷을 얻어오고 조그만 도끼모양의 쇠붙이도 만들어 파란 명주실에 꿰어 주머니에 지니고 다녔다. 주술 탓인지 엄마의 비장함 때문인지 천지신명은 드디어 엄마에게 아들을 점지해 주셨다. 12월 산더미 같은 김장을 하고 엄마는 홀로 몸을 풀었다. 아버지는 집에 안 계시고 나와 언니는 엄마의 산통을 겁에 질려 지켜봤다. 얼마가 지났을까. 아이가 나오고 실신 상태로 누워 있던 엄마가 벌떡 일어나시는 것이다. 동생은 내가 왔노라고 포물선을 그리며 오줌으로 자신의 존재를 알렸다. 엄마는 포물선을 그리는 오줌줄기에 아들임을 감지해 정신이 번쩍 드셨다는 말을 나중에 하셨다. 겨울밤 언니와 나는 무서움도 모른 체 환한 달빛을 밟으며 세상이 다 내 편인 것 같은 기분으로 먼 거리에 있는 외할머니 집까지 단숨에 갔다. 뿌듯함에 추위도 잊고 외할머니에게 엄마가 아들을 낳았다는 소식을 과거 급제한 기분으로 전했다.

후에 엄마 말을 들으니 막내 남동생이 또 딸이었으면 엄마 친구 경수 엄마와 약속을 해 놓았단다. 아이를 자식 없는 집에 주기로 그리고 속세를 떠나 스님이 되려고 했다는 것이다. 어찌 삼신할머니도 그 절박함을 외면할 수 있겠는가? 우리 집안의 과업인 막내 남동생이 태어난 뒤부터는 딸부자 집이란 딱지를 붙어도 편안하고 아들에 대한 속박에서 나는 자유로웠다. 그렇다고 아버지나 할아버지 할머니 누구 한 분 우리에게 계집애 소리 한 번 안하셨음에도 왜 마음에 짐이 컸는지 아마도 엄마의 처지를 공유하는 피의 끈끈함 때문이지 않았을까 생각된다. 그렇게 아들을 얻은 온 집안의 행복한 시간을 공유한 2년이 지나고 나는 새침하고 도도한 여중생이 되었다. 영어시간, 미술시간, 음악시간, 국어시간, 생물시간, 모든 시간이 재밌고 흥미롭고 행복했다.

생물시간에 XX, XY 염색체를 배우고 난 마치 미결된 큰 사건의 단서를 잡은 듯 흥분해서 쾌재를 부르며 집으로 달려갔다. 아버지가 퇴근해 오시기를 기다리던 나는 아버지를 보자마자 아버지에게 엄마가 딸 많이 낳은 것이 엄마 탓이 아니고 아버지 탓이라고 흥분해서 떠들었다. 엄마한테 XX 염색체가 있고 아버지한테 XY염색체가 있으니 아버지가 Y염색체를 안 주어 그런 것이라고. 지금 생각하니 참 송구스럽고 부끄럽다. 그 때 아버지는 피식 웃고는 아무 말씀도 안하셨다. 지금 생각하면 참 우스운 일이다.

그 후로 나는 엄마의 딸 굴레를 내 마음에서 지웠다. 딸과 사위가 뱃속 아기가 여아라고 좋아하는 모습을 보니, 세대의 변화와 시간의 무상함이 느껴진다. 그렇게 딸을 낳아 마음고생이 심했던 엄마는 자식 교육에 열심이셨고, 넉넉지 않은 살림에도 팔 남매 모두를 어느 누구보다도 더 악착같이 공부시켰다. 요즘 딸이 대세인 세상에 살고 있다. 아들 둘 낳은 엄마들이 우스갯소리 삼아 하는 말이 목매달이라고 하니, 정말 세상이 빠르게 변하고 있다는 사실을 새삼 느끼게 된다. ♣

열정

오늘은 횡성의 서초 휴양소로 해변시인 학교의 1박 2일 야외 행사를 떠나는 날. 비 소식 예보에 걱정이 되었지만 날씨는 행사를 축하라도 하는 듯이 화창하고 맑았다. 시원한 차림의 조금은 상기된 듯 밝은 표정을 한 선생님들이 삼삼오오 모이기 시작했다. 45인승 인원을 초과한 성원으로 자리가 모자라서 몇 분 선생님들은 두 세대의 승용차로 현지에서 합류했다.

올해로 36돌을 맞는 행사가 적지 않는 연륜 속에 계속되었음은 목월 선생님의 그늘이 얼마나 큰지 가늠이 된다. 36년의 긴 세월 많은 사람이 설렘과 꿈을 안고 스쳐갔고, 더러는 꿈을 이루고 더러는 뿌리내리지 못하고 돌아선 사람도 많았을 것이다. 연배가 지긋한 선생님들의 동행에 아직도 꿈을 꾸는 건강한 정신력과 열정이 느껴져서 어렵고 조심스러우며 머리가 숙여진다.

알차게 짜여진 일정대로 시 창작 워크숍 강의를 듣는 선생님들의 진지한 모습이나 강의를 해주시는 강사님들의 열강

이 불쏘시개처럼 타올라 시를 잘 쓰고 싶은 열정을 솟구치게 만든다. 뜬구름 잡지 말고, 보이는 사물을 감각으로 느끼고, 보고, 손에 잡히게 구체적으로 써야 좋은 글이 된다는 내용이었다. 글은 체험에서 가져와야 하며 절망이 있어야 미래의 희망이 있다는 강의가 맘에 와 닿았다. 그리고 자연물에 투영하라는 말에 깊이 공감이 되었다. 작가는 언어에 민감하며 상처에 예민하고 자기만의 언어를 찾아야 한단다. 시 쓰기가 언어의 나열이 아니라 가슴을 여는 자기 고백이어야 감동을 주는 글이 된다는 말을 다시 한 번 되새겼다.

열정이 있어야 좋은 글을 쓸 수 있다는 강의를 들으며 지금 이 시간, 여기 모이신 선생님들의 열정에 대해 생각해 보았다. 참석하신 선생님들의 평균 연령이 그리 낮지 않다는 사실과 불편한 잠자리와 단체 활동의 통제에 따라야 하는 자기 절제, 그리고 긴 시간 이동하는 피곤함과 개인 스케줄의 조정 등 번잡한 일들을 다 감수하고 해변 시인학교의 참석을 위해 같이 동행하신 여러 선생님들은 과연 열정이 없으면 가능했을까?

강사님들의 열정적인 강의를 들으면서 문득 엄마의 열정이 떠올랐다. 엄마는 오십 중반에 자전거를 배우셨다. 지금처럼 자전거를 정식으로 강습해 주던 시절이 아닌 36년 전인 1978년 무렵으로 기억된다. 청주 모충동에 사시던 엄마가 남주동에 있는 육거리 시장을 보러 다니시기가 힘드셨는지 어느 날 자전거포에서 중고 자전거를 사서 끌고 오셨다. 얼핏 보기에도 엄마 체구에 안 맞는 키가 높은 투박한 자전거였다.

식구 중에서 자전거를 탈 줄 아는 사람은 자전거로 통학하는 막내 남동생 하나뿐이고, 아버지와 딸 여섯 모두는 자전거를 타지 못했다. 그 시절 자동차가 있는 것도 아니고 한 시간여 걸어가서 장을 봐 들고 오는 것이 쉽지 않으셨던지 엄마는 아버지께 자전거를 배우라고 성화를 하셨다. 그런데도 어쩐 일인지 아버지는 자전거를 안 배우셨고, 끝내 못 타셨다. 아마도 자전거를 타는 게 무서우셨던가 보다.

그렇게 며칠 동안 자전거는 그냥 세워 놓은 채 있었는데, 어느 날부터인가 엄마는 밤이면 자전거를 끌고나가서 근처에 있는 모충초등학교 운동장에서 자전거 타는 연습을 하기 시작했다. 며칠을 아들에게 뒤를 잡아 달라시며 배우셨는데, 자꾸만 넘어져서 무릎이며 팔뚝에 멍이 시퍼렇게 들곤 하여 보는 식구들을 불안하고 안타깝게 했다. 그만 두라고 그렇게 말려도 엄마의 자전거 타는 연습은 계속되었다. 그때 자꾸 말리는 우리에게 이렇게 말씀하시곤 했다.

“남의 속에 든 글도 배우는데 내가 내 몸으로 하는데 그것을 못하겠냐?”

그렇게 연습을 꾸준히 하시더니 한참을 지난 어느 날부터인가 혼자 타기 시작했다. 드디어 처음 날개를 펴고 나는 새처럼 뒤를 붙잡아 주지 않아도 혼자 씩씩하게 페달을 밟고 바람을 가르며 운동장을 도신 것이다. 그때 엄마의 표정과 그 모습은 마치 자랑스러운 투사처럼 느껴져서 코끝이 찡했다. 얼마가 지났을까? 이제는 운동장을 벗어나 도로로 진출하시더니 어느 날부터는 무거운 짐까지 싣고 다니셨다.

엄마의 자전거 타기는 엄마의 첫 도전이었다. 그동안 엄마는 늘 며느리로, 아내로, 엄마로의 역할만 했다. 자신이 하고픈 일을 처음으로 도전하여 이룬 엄마는 자전거 타는 것을 칠십이 넘어서까지 즐기셨다. 지금 생각하면 엄마의 작은 키에 알맞은 예쁘고 편한 좋은 자전거를 한 대 사드리지 못한 게 참 미안하고 죄스럽다. 아무 말 없이 크고 무거운 자전거에 그냥 자신을 맞춰 타신 것처럼 엄마는 모든 생활에 자신을 맞추셨다. 어쩜 바람을 가르며 동그란 두 바퀴에 힘겨웠던 삶을 얹어가고 싶으셨는지도 모른다. 엄마보다 열정이 부족한 나는 그 시절 엄마 자전거로 엄마 따라 자전거 타기를 몇 번 시도했지만 출발과 서는 것이 무섭고 서툴러서 몇 번 넘어진 후로는 자전거를 타지 않았다. 엄마의 자전거 타기로 시작된 엄마의 끝없는 열정은 지금 생각해도 존경스럽다.

뭐를 하기에 늦은 나이는 없다는 생각이 든다. 어쩌면 좋은 시를 쓰고 싶은 바램도 내 열정이 부족하여 이루지 못하는 게 아닐까? 2014년 해변시인학교에서 가슴에 담은 단어인 열정. 무릎에 팔에 멍이 들도록 넘어져도 또 다시 일어나 굽히지 않은 엄마의 치열함처럼 더 늦기 전에 나도 뜨거운 가슴으로 시를 쓰고 싶다. 강의실 밖에서는 오랫동안 기다렸던 매미가 힘차게 운다. ♣

시간의 늪

며칠 전 엄마를 보러 남동생 집엘 갔었다. 초등학교 일학년 진규가 문을 열어주며,

"안녕하세요? 할머니, 고모 왔어요."

하고 크게 외친다. 초등학교 1학년인데도 할머니 할아버지와 함께 살아서인지 진규는 또래보다 의젓하고 상황판단이 아주 빨랐다. 진규는 고모가 온 사실만으로도 할머니가 얼마나 기뻐할지를 알고 있기 때문에 그렇게 외친 것이다.

"할머니, 노래 불러요!"

진규가 할아버지는 외출 중이시라면서, 할머니에 대해 말한다.

"뭐 할머니가 노래를 하셔?"

하며 방문을 여니 엄마는 내가 들어온 걸 개의치도 않고 계속 노래를 부르셨다.

"너무나도 그 님을 사랑했기에 그리움이 변해서 사무칩니다."

소절마다 반 박자 늦긴 했지만 음정이 그리 어색치 않은

걸 보면 아마도 수십 번은 더 부르신 것 같다. 아예 노래 번호를 외우고 계셨다.

'77번 동숙의 노래' '218번 수덕사의 여승' …

그러고 보니 10여 년 전 엄마가 심심하다고 아버지한테 노래방 기기를 사달라고 해서 샀었다는 기억이 떠올랐다. 그때 난 무슨 노래방 기계씩이나 하며 대수롭지 않게 지나친 생각이 났다. 무심하게도 난 엄마가 무슨 노래를 좋아하는지 관심조차 없었고, 물어보지도 않았다.

컴컴한 방에 혼자 앉아 힘겹게 노래하는 엄마의 모습을 보니, 초겨울 찬 서리를 맞아 사람이 다가가도 날지 못하고 힘겹게 퍼득거리던 잠자리의 날갯짓이 떠올랐다.

"엄마, 왜 저 노래 좋아해?"

"그냥."

나는 순간 엄마가 언젠가 한탄처럼 했던 말이 떠올랐다. 엄마와 사주단자를 주고받고 일본으로 공부하러 간 '박씨 성의 유학생'. 어쩜 엄마의 배필이 될 수 있었던 그 사람은 나온다는 날짜를 번복하면서 나오지 못했다. 낳은 형제 모두 죽어서 열다섯살이 되도록 외동딸로 자라난 엄마는 손이 귀한 집의 맏딸이었다. 이제 막 네 살이 된 엄마의 여동생이 있을 뿐인 집안에서 맏딸을 정신대에 보낼 수 없었던 외할버지는 당신 친구 아들인 2살 연하의 아버지와 급히 결혼을 시키셨다고 했다. 그게 못내 한이셨는지 엄마는 언젠가 뉴스에 나오는 박씨 성을 지닌 그 분을 보며 '저 박 씨, 내가 결혼하고 세 달 후 왔노라'고 하시면서 '세 달만 일찍 나왔으면 니 아버지와는 결혼 안 했을 거'라고 푸념하시던 생각이 났다.

어두웠던 그 시절, 엄마의 운명만 어긋난 것이 아니었으리라. 팔 남매의 맏이인 종갓집에 시집 와서 내리 딸 여섯을 낳고 살았던 엄마. 난 할머니에게서 들어 안다. 엄마가 딸 둘을 더 낳았고, 그 딸들은 마마를 앓다가 외가댁에서 죽었다는 사실을. 엄마는 당신의 치부처럼 이 사실을 함구하고 계시지만, 엄만 딸 여덟에 오 헨리의 '마지막 잎새' 같은 심정에서 아들을, 아니 홈런 한방을 날렸다.

엄마의 맘고생이 어떠했는지 헤아리지 않아도 짐작이 간다. 보통 여자들도 시어머니 시집살이를 한다지만 어머니는 달랐다. 할머니는 당신 한쪽다리를 떼 달래도 주실 그런 분이셨지만 할아버진 정말 대단한 분이셨다. 긴 수염은 가슴팍까지 내려왔고 일흔 다섯으로 돌아가실 때까지 흰 바지저고리는 날이 서 있었고 자태는 고고했다. 해가 중천에 떠있을 때 진지를 대령해야만 했다. 왜냐하면 혹 날파리라도 들어갈지 모른다고…

그런 할아버지가 돌아가셨다고 엄마의 고난이 끝난 건 아니었다. 열 식구에 줄줄이 학생인 자식들의 학비…. 그러나 엄마는 외할머니의 딸임이 분명해서인지 교육열이 대단하셨고 최선을 다하셨다. 일곱이 모두 흡족할 만큼 학비를 대주시진 못하셨지만, 우리는 엄마의 피나는 노력으로 공부할 수 있었음에 감사한다. 시대를 잘 타고 나셨다면 대단한 여성개

혁가가 되셨을 거라는 건 외며느리 올케도 인정한다.

핸드폰이 한창 출시되던 7년 전 아버지께만 핸드폰을 사드렸었다.

"그래 잘했다."

하시면서 기뻐하시던 엄마가 두 달이 지날 무렵 당신도 핸드폰이 필요하시단다. 그때 어머니는 당뇨에 살짝 풍이 와서 혼자 외출도 하시지 못하시는 상태이셨다.

"엄마, 왜 아버지랑 늘 같이 계시면서 아버지 전화 쓰시면 되지."

이렇게 말하는 내 말에, 요즘 개나 소나 다 있고 애들까지도 다 가지고 있는데 당신 이름인 이정순으로 된 핸드폰이 갖고 싶다는 것이었다. 황당하기도 하고 귀엽기도 하고 돌아가시고 나면 얼마나 후회될까 싶어서 얼른 대답했다.

"알았어. 알았어. 맞아~. 맞아~. 천하에 이정순 여사가 필요하시담 대령해야지…"

그렇게 시작된 엄마의 핸드폰 구입 이후에 엄마는 당신 핸드폰으로 전화를 받는 것을 무척이나 좋아하셨다. 우리는 뻔히 집에 계심에도 비싼 전화요금을 지불해가며 핸드폰으로 하루 한 번씩 의무감을 느끼며 전화를 해야만 했다. 엄마는 젊은 애들이 하고 다니는 것처럼 낮이고 밤이고 줄을 매서 목에 걸고 계셨다.

그 즈음 엄마는 핸드폰을 통해 확실하게 자신의 존재감을 느끼고 즐기시는 것 같았다. 문제는 사방팔방 고모네며, 이

모, 자식들에게 시도 때도 없이 전화를 하신다는 거였다. 얼마나 전화를 자주 거시는지 노인네의 전화요금이 매달 7만원을 넘게 나왔다. 하루는 남편이 조심스럽게 말했다.

"아니 장모님은 사업을 하시나? 내 전화요금보다 두 배는 더 나오네."

자기통장에서 이체되어 나가는 금액을 몇 달동안 지켜보다가 하는 말이었다. 난 난감하기도 하고 미안하기도 했다. 엄마에게 전화를 걸면 늘 한결같이 같은 말만 한다.

"언제 놀러 올거니?"

심심하고 무료해서 하시는 말일 테지만 마음이 바쁜 나는 말을 돌린다.

"엄마, 아파트 노인정에 가서 노시지."

내 말에 밥이나 먹고 똥이나 싸는 게 사는 거냐며, 십 원짜리 민화투나 치고 며느리 흉이나 보고 자식 자랑이나 하는 노인정 노인들의 모습이 한심하단다. 이렇게 철학적인 말씀을 하시며 당신 수준은 적어도 그게 아니기 때문에 싫으시다고 했다. 또 엄만 왜 그리 정치에 관심이 많으신 건지, 이명박이 어떻고 노무현이 어떻고 뉴스를 훤히 꿰뚫고 왜 그러냐고 물으신다.

"몰라. 엄마가 나보다 더 잘 아시네."

쉴새없이 계속되는 엄마의 입원과 퇴원도 버거운데다 엄마의 관심사가 너무나 거국적이다 보니 나도 모르게 대답이 퉁명스러웠다.

“어휴. 팔순 노인네가 청춘인 줄 아시나 봐. 노인네가 노인답지 않다고…”

우리 형제들은 속닥거리며 엄마 흉도 가끔 보았다. 어쩜 우린 노인이라는 틀에 엄마를 가두어놓고 세상으로부터 엄마를 유기한 건지도 모른다.

그런 엄마가 요즘 이상해지셨다. 엄마한테 아주 소중했던 아들한테도 삼촌이라고 하고, 손주한테는 ‘날 저물었는데 너 빨리 니네집 가라’고 하시며 거짓말처럼 정신이 180도를 왔다 갔다 하신다. 아버지를 보고는 어떤 중늙은이가 자기 옆에 누워있다고 기겁을 하고 뛰쳐나오시고, 당신 죽었는데 저승에서 어떻게 왔냐고 아버지한테 따지신다. 병인걸 아시지만, ‘저 여편네가 내가 죽기를 바래서 저런다고…’하시면서 아버진 매우 마음을 상해하신다.

그러던 어느 날 엄마는 춘향가 중 십장가와 그 시절 애국시민이라면 누구나 부르짖었을 노래를 줄줄이 읊조리셨다.

일 일품제상 이완용아
이 이군불사 못할망정
삼 삼천인의 우리국토
사 사천 만에 도매하여
오 오적참례 하였으니
육 육조참사 좋은 광경
칠 칠 조목을 네가 내니

팔 팔도인민 요동한다.
구 구중궁궐 우리황제
십 십벌지목 되었으니
백 백세유방 못할망정
천 천조역적 되었으니
만 만만수재 네관계로
억 억조창생 곤란이다

이전에 엄마한테 한 번도 들어본 적이 없는 이 노래를 너무나 태연하게 소리 내어 읊으셨다. 난생 처음 듣는 엄마의 노래였고, 너무나 의외의 노래여서 놀랐다. '엄마, 또 해봐' 하면 신이 나서 더 크게 감정을 넣어 읊으셨다. 정확하게 설명을 하시는 유년의 기억 너머는 아프지 않으신가 보다. 이제 엄마는 시간의 늪에 빠지셨다. 이게 엄마만의 늪일까.

새벽 세시, 꿈속에서 엄마가 노래 부르는 소리에 놀라 잠이 깼다.

"일품재상 이완용아…"

요즘은 나도 모르게 구구단처럼 반복해 외우고 있다. 어느새 시침은 여섯시에 가 있다. 엄마에게 가 봐야지, 오늘은. ♣

그 쓸쓸함

요즘 나이는 숫자에 불과하다는 말로 나이든 분들의 사기를 북돋우는 말이 유행된 지 오래다. 자식들 뒷바라지로 숨가쁘게 살아온 나이 드신 분들의 인생 2막에서의 왕성한 사회활동이 종종 매스컴에 소개되기도 한다. 그간 자신을 위해 배분하지 못했던 시간, 이제 하고 싶었던 취미 생활을 즐기며 멋있게, 노년의 여유로움을 만끽하는 사례가 소개되기도 한다. 누구하나 늙지 않는 사람이 없고 누구나 가야 할 길임을 아는데, 내 나이가 그렇게 가볍다고 느끼지 않아서일까. 늙어가는 삶이 피부에 와 닿게, 아프다. 몇 년 전만 해도 나는 사람이 시간이 가면 늙고, 늙으면 아프고, 그러다가 이 세상을 떠나는 것이 당연하다고 생각했다. 세월의 흐름이 그렇게 애절하고 가슴 아리지 않았다.

그런데 요즘 나는 당연하다고 받아들였던 현상에 마음이 편치 않다. 누구나 가는 과정이라지만 나의 부모님이 아픈 노년을 보내고 계시기 때문이다. 몇 발자국도 걷지 못 하고, 잘 드시지도 못하고, 어디 하나 편한데 없이 아픈데도 자식들은 마음을 다해 보필하지 않고 있으니 종이호랑이 같은 신세가 되신 것이다.

엄마, 아버지가 그렇게 애지중지 키운 막내 손자 진규마저도 할아버지 할머니가 좋거나 고마운 분이기보다는 같은 말을 반복하는 성가신 존재로 여기는 듯하다. 고분고분하던 말투는, 퉁명스레 변하고 바라보는 눈길이 곱지 않다. 할머니 마음에는 손자에게 뭐라도 먹이고 싶어 '이거 먹으라, 저거 먹을래?' 하고 챙기시는데, 정작 진규는 쳐다보지도 않고 말한다.

"됐어요."

쳐다보지도 않고 들은 척도 하지 않는 손자의 태도를 보며 얼마 전까지만 해도 할아버지 할머니를 먼저 챙기던 귀엽고 어린 손자는 이제 사라지고 없다. 말하면 '네' 하고 바로 대답하고 심부름을 하던 강아지 같이 이쁘던 손자가 없어진 것이다.

손자 진규는 엄마의 대화 수준에 맞고, 바쁘다고만 하는 자식들과는 달리 공유할 시간이 많고, 때로는 친구 같은 엄마 대화상대였다. 자신의 존재감을 느끼게 해주던 그런 손자가 달라지자 엄마는 나에게 불쑥 애를 낳고 싶다고 하셨다. 놀란 나는,

"근데 엄마, 애기 낳을 수 있어?"

했더니 시험관 애기라도 하나 낳고 싶다고 하셨다.

"엄마, 진규 있음 됐지."

하고 말했더니, 손자가 아닌 당신 자식을 갖고 싶다고 하셨다. 당신 자식으로, 더 크지도 말고 엄마와 시간을 공유해주는 진규만한 3학년 정도의 자식을 갖고 싶을 만큼 한때는 흡족했던 진규가 이제 버거워지신 것이다. 얼마나 쓸쓸했으면 크지도 말고 그 상태로 자기 곁에 머무는 자식을 낳고 싶다고 말하셨을까 싶다.

할머니께 퉁명스레 대하는 진규가 나빠서라기보다, 진규의 자아가 발달해 막 피기 시작한 것이다. 진규가 너무 빨리 크고 있기 때문에 힘없이 시드는 꽃이 보조를 맞추기 힘든 것이다. 노년은 가고 싶은 곳을 갈 수 없고, 만나고 싶은 사람을 만날 수 없고, 사고 싶은 거나 하고 싶은 게 별로 없는 나이이다. 본인은 심각해서 하는 말인데도 주변에서는 그냥 늙은 사람의 푸념이나 넋두리라고 흘려듣는다. 또 뭘 물으면 대답하긴 하지만 아무 것도 아니라며 건성으로 대답하기 일쑤이다.

어느 순간 엄마는 산목숨에 자괴심이 드는지 '아이고, 빨리 죽어야 하는데' 하시며 빈말인지 진심인지 말하시는 걸 보면 그저 서럽기만 하신 모양이다. 아프다고 해도 늘상 아프신 거려니 하고 치부하기 십상이고, 늙는 과정이라 여길 뿐이지 누구 하나 그리 애달프게 여기지 않는다.

엄마와 아버지, 두 분 모두가 건강이 안 좋아서 두 분끼리는 식사를 해결하실 수 없었다. 그래서 여태껏 아들집만이 당신들 거처라고 생각하시는 엄마와 아버지를 영월 언니네로 모시고 갔다. 가면서도 여러 가지로 맘이 편치가 않았다. 엄마의 표정도 굳어 있으시다. 말 한 마디 없으신 게 심기가 편치 않으신 게다. 나는 애써 분위기를 바꿔볼 마음으로 말했다.

"엄마 다음 세상에 태어나시면 뭐하고 싶으셔?"

"장사."

순간 난 가슴이 먹먹하고 코끝이 시큰해져 왔다.

"아니 엄마 뭐하고 싶으시냐고?"

언젠가 다음 세상에 태어나시면 가수가 되고 싶다고 하셨던 말씀이 생각나 물었는데, 엄마는 아직도 생활의 굴레를 못 벗으셨는지 똑같이 말씀하신다.

"앉아서 하는 장사."

엄마의 치열했던 삶을 떠나 조금 편하게 하고 싶으신 일이 앉아서 하는 장사란다. 자식으로서 그동안 엄마의 아프고 고단한 삶을 얼마나 이해하고 감사한 마음으로 대한 것일까? 부모니까 당연히 해야 할 일이었다고, 그 시대는 다 그랬다고 치부하지는 않았는지 반성해본다. 자식들을 가르치고 기르느라고 얼마나 무거운 짐을 머리에 이고 사셨던가.

"아니 뭐하고 싶으시냐고?"

"응, 호강하고 싶어."

엄마는 아이처럼 마치 그게 낼이라도 바로 이루어지는 일인 양, 톤이 높은 소리로 말씀하신다. '엄마에게 과자가 먹고 싶어'하는 아이의 투정처럼, 엄마의 들뜬 목소리와 천진스러운 표정을 보니 가슴이 아팠다. 아이 같은 엄마, 반쯤은 진실이고 반쯤은 정신이 없으신 엄마. 엄마를 모시고 영월을 향하면서 이상하게 단종의 영월 유배가 떠올라 씁쓸하고 슬펐다. 애써 아무 일도 아니라는 듯 떠들고 있지만 가슴은 물먹은 솜처럼 무겁고 축축하다. 누가 누구를 탓할 수 없는 이 상황에서 나이 듦이 슬프고 쓸쓸하다. 엄마는 건강하게 이 길을 다시 돌아오실 수 있을까. ♣

마지막 선물

누군가에게 무엇이든 줄 수 있다는 것이 얼마나 소중하고 행복한 일인지 아버지와 전화를 하고 나서 절실하게 가슴으로 느꼈다. 병원에 계신 아버지에게 문안전화를 했다.

"아버지 좀 어떠세요? 뭐 필요한 거 없으세요?"

"신발이 어디 갔는지 찾을 수 없다. 그리고 면도기가 필요하다."

"아, 예 아버지. 알았어요. 편한 실내화와 좋은 면도기 사가지고 금방 갈게요."

전화통화를 하며 목으로 뜨거운 것이 울컥 올라오며 눈물이 났다. 병원에 계시며 아무것도 필요 없다며 드시는 것조차 못 드시고 또 드시는 걸 거부하셨던 아버지였다. 그런 아버지가 뭔가를 부탁하시는 것이 너무나 감사하고 황송한 마음에 막 절을 하고 싶었다. 사랑하는 사람에게 아무것도 해 줄 수 없는 상황이 얼마나 막막한지 그 때 처음 알았다. 그리고 아버지가 나에게 뭘 사오라는 말씀을 하는 것이 얼마나 감사하고 감사한 일인지 그 때 벅찼던 그 감정은 너무나 생생하게 아직도 가슴에 남아 있다.

엄마와 아버지가 건강하셨을 때 핸드폰이며 화장품 그리고 내복 또는 가방과 신발 등 많은 종류의 물품을 사드리고 때로는 엄마가 부탁하시기도 하셨다. 엄마의 원하시는 것을 가능하면 다 들어주려고 노력을 했지만 가끔은 속으로 짜증이 나기도 했었다. 내가 낳은 자식들에겐 뭐든 따지지 않고 주면서도, 정작 나에게 따지지 않고 아낌없이 다 주신 부모님에겐 그렇게 하지 못했었다. 그런데 절박한 상황에 계신 아버지의 전화를 끊고 나니 딸 수 있으면 하늘의 별이라도 따다 드리고 싶은 애절함이 절실했다.

신고 벗기 편한 가벼운 하얀 실내화를 사오라는 간병인 아주머니의 귀띔을 듣고, 나는 학교 앞 문방구로 달려갔다. 그런데 실내화를 파는 곳을 찾기가 쉽지 않았다. 이곳저곳을 수소문하여 큰 종합병원 용품을 파는 곳에서 겨우 가벼운 하얀 운동화를 샀다. 운동화를 사는 나의 마음은 너무 슬펐다. 아버지가 이 운동화를 벗고 아버지의 구두를 다시 신으실 수 있을까 생각하니 가슴이 먹먹하고 참담했다. 털보인 아버지는 평소에도 전기면도기를 잘 쓰지 않으시고 일회용 면도기를 애용하셨다. 전기면도기가 없으신 것도 아닌데 답답하다고 싫어해서 일회용 면도기를 쓰셨다. 그런데 어떤 때는 얼굴에 면도 독이 올라 턱이 뻘겋게 붓기도 했다. 그 때가 생각나서 아버지에게 말하곤 했다.

"아버지, 이거 여러 개 있으니 한 번만 쓰고 바로 버리세요.”

그렇게 말하면서 수염을 깨끗이 밀어드리면 턱을 만지며 좋아하셨다. 깔끔한 성품에 아파 누워계심에도 덥수룩한 수염이 싫으신 것이다.

“아버지, 다 쓰시면 또 사올게요.”

나는 남은 면도기를 사물함에 넣었다. 그것은 ‘아버지, 꼭 일어나셔야 해요’라는 암시적인 나의 간절한 바람을 담은 것이었지만 아버지는 남은 면도기를 다 쓰시지 못하고 돌아가셨다. 나는 나중에 사물함에 몇 개 남은 면도기를 보며 통곡했다.

아버지가 병원에 계시다가 퇴원해서 집에 계실 때 목욕을 시켜드린 적이 있었다. 두피에 자주 작은 종기가 나서 니조랄 샴푸를 사다가 감겨 드렸더니 시원하다며 그렇게 좋아하셨다. 아버지에게 더 자주 목욕을 시켜드렸다면 얼마나 좋았을까? 아버지는 목욕을 시켜 드릴 때마다 아이처럼 좋아하시며 ‘너 힘들어 어쩌니’ 하시며 미안해 하셨다. 받을 수 있을 때 정작 못 해드리고, 이제 너무 늦은 시간에 가슴 아픈 후회가 가슴에 산처럼 쌓인다.

휠체어조차 타지 못하실 정도로 퉁퉁 부은 아버지 발이어서 하얀 실내화는 두 세 번 쯤 겨우 신으셨다. 때 묻지 않은 하얀 운동화가 아픈 꽃처럼 아직도 생생하게 가슴에 박혀 있다. 두 눈이 휑, 앙상하게 야위어 누워 계신 아버지, 물조차 삼키지 못하시는 아버지에게 해드릴 게 아무 것도 없는 참담함을 어찌 말로 할 수 있을까? 그때 문득 한 달 전 아버지가 아이스크림을 아주 맛있게 드셨던 게 생각나서 말씀드려 보았다.

"아버지 아이스크림 드릴까?"

겨우 고개를 끄떡이시며 잡수시겠단다. 아이스크림을 티스푼으로 두 번 떠드리니 싫다고 고개를 저으셨다. 그것이 아버지가 세상에서 마지막 드신 음식이다.

두 분이 다 떠나시고, 가끔 엄마 아버지를 모시고 갔던 음식점을 가면 아버지 엄마가 앉아 식사하셨던 자리를 두리번거리게 된다. 그 때는 그저 두 분께 식사를 사드린다고 생각했지 그 시간이 그렇게 소중하고 행복한 시간임을 인지하지 못했다. 같이 식사를 할 수 있는 시간이 가장 축복 받은 시간임을 모른 채 모든 시간은 그렇게 떠나갔다. 아버지가 살아생전 마지막으로 나에게 부탁한 실내화와 면도기, 그것이 내가 아버지에게 드린 마지막 선물이 되었다. 아, 아버지. ♣

사라진 인디언 인형들

"따르르릉"

토요일 아침 7시, 전화벨이 요란하게 울려댄다. 올빼미족인 우리집은 아직 잠자리에서 기상하지 않은 시각이다. 이렇게 일찍 전화를 할 사람은 분명 엄마이거나, 아님 엄마에게 이변이 일어난 상황이거나 둘 중 하나가 틀림없다. 넘어져 다치셨거나, 배탈이 나셨거나 아님 무슨 요구 사항이 있어서 호출하시기 때문에 새벽이나 늦은 시간 전화벨 소리에는 깜짝깜짝 놀란다.

"경희야, 오늘 순락이 딸 결혼식인데 나 좀 차로 태워다 주라."

순락인 큰 고모의 5째 아들인데, 순락이 딸이 결혼을 하니 당신이 거기에 가셔야 된다는 엄마의 호출 전화였다.

"엄마, 다리도 불편하신데 굳이 가셔야 돼요? 거기 차 가지고 가기도 멀고 지리도 잘 모르는데 그냥 우리가 엄마 대신 전철 타고 갔다오면 되는데…"

'그래' 라는 말씀을 안 하시는 걸 보니 엄마와 아버진 직접 가시고 싶으신가 보다. 절룩거리며 불편하고 힘들게 반쯤은 부축해야 걸으시는 모습이 떠올랐다. 한편으론 안쓰런 마음이 들기도 하면서도 굳이 가시겠다는 엄마가 야속하기도 했다. 하지만 거절하지 못하고 억지 춘양으로 엄마와 아버지를 모시고 동생과 익숙하지 않은 지역인 구로구의 교회를 어렵게 찾아갔다. 엄만 소풍가는 아이처럼 한껏 들떠서 별로 태도 안 나시건만 뭘 입고 가실까를 물으신걸 보면 자식들과 같이 가서 친지들을 만날 수 있는 소중한 시간이 좋으신 게다.

사실 순락인 고종 사촌 동갑내기 동생이지만, 그 딸아이를 단 한 번도 본 기억은 없다. 누구의 상중이거나 결혼식에도 아이들을 데리고 다니지 않아 볼 기회가 없었다. 어렸을 때 고모네 집에 가서 놀기도 하고 친정 나들이 때도 고모를 따라온 순락이와 동갑이라 더 허물없이 지냈는데 크면서 만나는 기회가 뜸해졌다. 만나면 반갑다고 하면서 한번 보자고 서로 전화번호를 적곤 했지만, 정작 따로 만나지지는 않았다. 의무나 도리로서 만나게 되는 경우가 대부분이었다.

이웃사촌이란 말과 같이 친구나 이런 저런 모임 혹은 동호인 지인들을 더 자주 만나고 서로의 근황을 잘 안다. 4촌, 5촌, 6촌 친척의 안부가 가끔씩 궁금하긴 해도 말이다. 그런 나와는 달리 엄마는 엄마세대를 함께 살아온 추억을 공유한 피붙이들을 빼고는 다른 만남이 없다. 대부분 친구들이 타계하셨거나 한두 분 남아계셔도 이제는 연락조차 되지 않는다. 엄마는 정신이 없으신 중에도 잘 통하던 친구인 동화 엄마를 늘 대화의 중심에 놓으신다.

어쩜 친지 여러분을 볼 수 있는 놓치고 싶지 않은 기회이기도 하시니 엄마, 아버진 당연히 가시고 싶으셨던 것이다. 걸음도 불편하시고 음식을 드실 때 반쯤은 흘리시며 드시는 모습이 안타깝기도 하고 또 그 모습을 다른 사람이 보는 것도 솔직히 싫어서 내키지 않았는데 그건 나의 잘못된 생각이었다. 이제 몇 번 안 남은 만남일 수도 있는데 말이다. 다들 달려와서 외삼촌, 외숙모, 언니 오빠하며 각기 다른 호칭으로 의례적인 인사를 하면서 "아이고 언니, 왜 이렇게 몸이 안 좋아지셨어?" 하고 한 마디씩 거들면서 서로 안부를 묻느라고 사실 결혼식은 뒷전이었다.

아버지는 팔남매의 장남으로 여동생 셋, 남동생 셋, 누님 한 분인 집안 장손으로 옛날엔 집안 대소사의 중심에 계셨었다. 늘 집엔 손님들이 들끓었었다. 그분들이 주도하던 시절엔 왕래도 빈번했었다. 그런데 어느 날부터인가 거동이 불편해지고 자식들에게 얹혀사는 형태로 삶의 형태가 바뀌면서 자식들을 대동하고야 만날 수 있는 처지가 되어버렸다. 다들 힘없는 노인이 되신 것이다.

어려웠지만 정을 나누며 핏줄을 챙기는 것이 윤리의 첫째 덕목이었던 어른들이 이제는 한 분 두 분 떠나가시고 없다. 끈끈하게 연결된 엄마 세대가 가고나면, 과연 우리 세대가 5촌, 6촌 친지들을 언제까지 만날지 모르겠다. 다들 쭈글거리는 주름살 너머의 추억과 기억만이 남아서 아쉽고 애잔하기만 하다.

언제부터인가 친척들이 집을 방문하는 횟수가 뜸해지고, 더구나 묵고 가는 경우는 거의 없어졌다. 옛날 내가 어렸을 때 할머니와 엄마의 장롱에 가득 했던 이불들이 사라진지 오래인 건 교류의 형태가 달라진 탓이리라. 장례식 혹은 결혼식장에서 살아있음을 확인하는 무대인 양 왁자지껄 소동을 피우다가 또 각기 자식들과 각자의 거처로 아쉬움을 뒤로 하고 헤어져 가는 것이 다반사다.

노인이 된 그 분들은 이제 가고 싶은 곳을 가지 못하고 만나고 싶은 사람을 만나기 어려운 현실이 되었다. 본인 마음대로 하실 수가 없는 밀려가는 세대가 되었다. 한 때는 그분들이 주도하던 모든 행사가 이제는 젊은 세대들로 바뀌어지면서 그 분들은 뒷방 할아버지 할머니들로 자리매김 하고 있다. 살기에 급급했지만 그래도 서로를 그리워하며, 왕래를 하고 살았었는데 이제 다들 자식들 힘을 빌리지 않고서는 만날 수도 없는 노인들이 되신 것이다. 아직도 철이 안들어서 그걸 헤아리지 못하고 조금 귀찮은 것만 불편해 했던 나, 한 발짝 뒤에서 생각하니 늙음은 불편하고 슬프다.

어린 시절 난 손님들이 오는 게 좋았다. 지금 생각해 보니 엄마는 얼마나 힘드셨을까. 밥 한 끼 먹는 것도 몇 차에 걸쳐 상물림을 하며 먹었었다. 어린 맘에 말하지는 못했지만, 엄마를 흉보는 고모나 삼촌은 밉고, 엄마와 친한 셋째 고모가 좋았다. 그 시절 시누올케 사이가 어렵다고 했지만 엄마와 셋째 고모는 아주 각별하시다. 시집살이를 하신 고모와 동질의 아픔이 통해서였을까? 엄마는 늘 고모가 보고 싶다는 말씀을 하시는 걸 보면 말이다. 지금도 가끔씩 전화를 하면 통화 시간이 제일 길다. 여자로서의 같은 길을 가서 서로 통하여서일까. 조금은 허약하시고 약간 찡찡대시는 둘째 고모가 안 좋아 보이신다. 풍이 오셨단다.

내 결혼식 사진에 자리 잡고 계시던 큰고모 내외분, 셋째 고모부, 막내 고모부는 이제 누구의 사진에도 등장 할 수 없다. 이미 무대 밖으로 사라지셨기 때문이다. 온 순서대로 퇴장하지는 않는다. 술을 좋아하시던 사람 좋은 셋째 고모부가 먼저 가셨고, 다음은 기골이 장대하고 호탕하시던 막내 고모부가, 그리고 그 다음으로는 하하하 웃음소리 꺾어지게 요란하게 웃으시던 큰 고모가 가셨다. 농을 잘하시던 닭살 부부의 큰 고모부, 어릴 적 집안 행사가 있을 때는 정말 대단했었다. 아버지 형제자매 내외가 열여섯에, 그 2세들이 쉰세 명이었는데, 할아버지 할머니 생신 때면 그 시절엔 다들 동행하고 다니니 그 인원은 대단했고 큰 잔치마당 같았었다.

이제는 한 분 한 분 무대 밖으로 사라지셨다. 누구나 다 가는 길이라지만 순서는 모른다. 아가사 크리스티의 사라진 인디언 인형들처럼. 저분들이 앞으로 몇 번의 만남을 가질 수 있을까. 그래도 저분들의 무대가 좀 더 길었음 하는 바램, 엄마 아버지가 오래 무대에 계셔 주시기를 기도한다. ♣

임옥당 아줌마

2013년 4월 14일, 아버지가 가신지 84일째 되는 아침이다. 엄마와 아버지가 떠나시고 처음 맞이하는 봄날에 금방이라도 터질 듯 삐죽이 내민 벚꽃망울, 주먹을 쥐고 땅을 봉긋이 밀고 나온 물 단풍 순, 그 주위에는 채비를 마치고 튀어나오려는 생명이 가득 차 있다. 무엇을 보아도 울적하고, 햇볕까지 따스한 봄날은 더 슬픈 감정이 이입된다. 겨우내 잠자던 고목에서는 연녹색의 생명이 배어나온다. 잠자던 모든 작은 씨앗과 뿌리에 다시 제 빛깔이 찾아오는데 그 분들이 떠난 빈자리엔 공허와 그리움만 자라고 있다.

옛말에 울고 싶은 놈 빰 때려준다는 말이 있다. 그렇지 않아도 꽃망울을 보며 돌아올 수 없는 이별에 울적해 있는데 아버지를 간호했던 임옥당 간병인에게서 부재중 전화가 찍혀있는 것이다. 나는 의아해하며 전화를 했다.

"아, 아줌마 잘 지내시지요?"

"내가 누군지 아세요?"

"아, 간병인 아줌마 아니세요? 왜 몰라요?"

"네, 맞아요."

그러면서 어르신 생각이 나서 시를 지었다며 한 번 들어보라며 읽는 것이다. 나는 왈칵 눈물을 쏟으며 대답했다.

"아, 예 너무 감사합니다."

그리곤 한동안 말도 못하고 눈물을 쏟으며 아줌마가 읽는 것을 들었다.

'노란, 개나리꽃이 피었네요. 꽃을 보니 할아버지가 생각나네요. 미남이고 양반이신 할아버지. 제게 가장 따뜻하게 대해주신 어르신, 천국에서 두 분 만나셔서 아프지 말고 꼭 행복하세요.'

다정하고 양반 품위가 있는 아버지를 칭찬하며 천국에서 두 분 행복하시라는 내용이었다. '아, 자식들 말고 누군가의 가슴에도 아버지가 살아 계셨구나' 하고 생각하니 눈앞에 생시의 모습대로 털보인 아버지의 환한 얼굴이 크게 확대되어 다가왔다. '아버지 왜요' 하면 '왜요는 왜놈의 노래다'라며 장난기 섞어 입을 삐죽거리던 아버지의 미소가 눈앞에 선하다.

임옥당 아줌마는 자기가 수많은 사람을 간호했지만, 자기를 인격적으로 대하고 양반이고 미남이신 아버지를 잊을 수가 없어 시를 지었다는 것이다. 환자와 간병인으로 길지 않게 만난 사이인데 간병인 아줌마가 아버지를 잊지 않고 기억한다는 사실이 너무나 감사했다. 나는 그 분과 아버지의 이야기를 공유하면서 전화를 할 수 있다는 사실에, 아주 오래전부터

친교가 있었던 사람처럼 그 분이 친밀하게 느껴졌다.

아버지는 강원대 병원에 2012년 11월 초에 원인을 모르는 계속된 설사로 입원을 하셨다. 처음 간병인으로 만난 아주머니의 첫 인상은 투박하고 씩씩한 모습이어서 상냥스러움과는 거리가 먼 분 같이 느껴졌다. 아버지도 아주머니를 보시더니 탐탁지 않은 표정을 지으셨다. 동생과 나는 눈짓을 하며 아버지에게 동감한다는 의사 표시를 했었다. 그런데 하루 저녁을 함께 지내보니, 우리의 우려와는 전혀 다르게 아주 깔끔하고, 아버지에게 진심을 다해 간병하는 것이 보였다. 어르신 어르신하며 아버지를 환자로만 대하는 것이 아니라 귀한 사람을 보필하듯 수발하시는 것이다. 본인이 먹으려고 준비한 먹거리를 나눠주며 오래전부터 알던 친밀한 사람처럼 격이 없이 대하는 것이 아주 자연스러워 보였다. 처음 아줌마를 보고 경계하던 아버지는 편찮으심에도 기분이 좋아진 듯 보였다.

다음날 아버지는 칼륨이 부족하다는 혈액 검사가 나왔다. 계속된 설사로 아무 것도 드시지 못해 수척했던 아버지는 원인을 잘 찾은 병원 처방과, 아줌마의 정성 어린 간호 덕으로 기력을 회복하시고 2주 만에 퇴원하셨다. 아버지는 이런 분이 없다며 임옥당 아줌마에게 이 은혜를 어떻게 갚느냐며 헤어지는 것을 아쉬워하며 고마워했다.

2주간 환자와 간병인으로 만난 사이지만 두 분은 마음을 열고 각자 살아온 이야기를 다 하신 듯했다. 늙고 병들어

서글픈 아버지가 따스하게 당신을 수발해주는 아줌마에게 본인이 살아온 이야기며 이 자식, 저 자식 이야기를 다 하신 듯 아주머니는 우리 집안 사정을 다 알고 계셨다. 내가 갔을 때도 둘째 따님이냐고 아줌마가 묻기도 했다. 그러면서 아버지가 자신에게 제일 잘해주는 딸이라며 내 이야기를 자주 하셨다는 말을 해주었다.

아버지께 잘하지도 못한 나는 그 소리를 듣는 게 죄스럽고 민망스러웠었다. 늘 엄마에게 가려 정작 보살핌을 못 받은 아버지. 늙고 병들어 마음이 약해진 아버지는 임옥당 아주머니의 관심과 따스한 보살핌이 그저 고맙고 흡족하신 것 같았다. 삐죽이 왔다가 도망치듯 가는 자식들보다는 24시간 같이 있으면서 보살펴주는 아줌마에게 더 마음을 기대고 계셨을 지도 모른다.

퇴원하는 날, 아버지는 고맙다는 말을 연신하면서 내가 죽지 않으면 꼭 찾아와 맛있는 밥을 사겠노라며 내가 준 돈을 그 아주머니 손에 쥐어주셨다. 그리고 요양병원으로 돌아와, 아줌마에게 고맙다는 인사도 못하고, 밥도 못 사고 2달 후에 아버지는 돌아가셨다.

아버지가 돌아가시고 삼우제를 지내고 난 간병인 아줌마에게 전화를 했다. 잠깐 스쳐간 간병인으로만 생각하는 것이 도리가 아니라는 생각이 들었기 때문이다. 그 분은 도움의 손길이 간절했던 아버지의 외로운 시간에 마음을 터놓고 이야기했던 사람이었고, 아버지의 살아온 날의 회한과 심정을 들어 주었던 분이니 그에 대한 최소한의 예의라는 생각이 들었다. 그 아줌마에게 나는 아버지가 돌아가신 걸 알려드리고, 그동안 아버지를 잘 돌봐 주셔서 감사했다고 말했다. 아줌마는 아버지가 돌아가신 걸 듣고 아주 슬퍼했다. 아줌마도 아버지를 그냥 스쳐가는 환자로만 생각하지는 않으신 듯했다.

오늘 아줌마와의 통화로, 아버지를 보내고 휭 뚫려 시렸던 가슴에 조금은 온기가 도는 듯하다. 전화를 끊고나서 동생들과 그 아줌마 이야기를 한참 했다. 하루 종일 그 분의 투박한 얼굴이 맴돌았다. 많은 사람을 만나고 또 이별하며 살지만 가슴 어느 한 구석에 작은 아름다움의 흔적으로 서로 기억한다는 것은 얼마나 행복한가? 시를 써서 기억하고 싶을 만큼 아버지의 따스한 인품을 기억하는 사람이 있다고 생각하니 아버지가 더 그립다. 그리고 아버지는 참 행복한 사람이라는 생각이 들었다.

봄에 다시 찾아온 꽃처럼, 아버지는 이 세상에서 다시 볼 수 없지만 우리의 가슴속에 뜨거운 사랑으로 숨 쉬며 살고 계신다. 따스한 가슴을 가진 임옥당 아줌마에게 축복을 보내며, 모처럼 가슴이 훈훈한 행복한 하루였다. ♣

울엄마의 로맨스

전 입양아입니다. 제가 처음 집에 올 때 저는 마치 도둑고양이처럼 식구들 몰래 형 방으로 숨겨져 들어왔답니다. 나의 의지로 아무것도 할 수 없는 아주 어릴 때 눈을 겨우 뜨고 잘 걷지도 못하고 제 몸무게가 겨우 300 그램 정도의 아가였을 때였지요. 대전에 사는 형 친구 집에서 태어난 저를 자기들 맘대로 내 주거지를 정하였고, 그렇다고 환영을 받으며 입성하지도 못했답니다. 형 방의 라면박스 안이 저의 숨겨진 보금자리였으니까요.

며칠 못 가 저의 정체를 알아 챈 엄마의 놀람과 쌀쌀맞음, 그 땐 철없어서 꼬랑지를 흔들었지만 지금도 생각하면 섭섭하답니다. 그렇다고 제가 지금 나의 의사대로 뭘 결정할 수 있는 건 아니지만, 이제는 저의 존재감이 별것도 아닌 것은 아니거든요. 저는 본능적으로 사랑을 감지할 수 있는 유전자가 있답니다. 저는 사랑받기 위해 태어난 존재니까요. 그렇다고 모든 사람이 저희들을 좋아하거나 저희 입장을 배려하진 않지만 저희는 아주 오래 전부터 사람들과 친밀한 유대관계를 맺고 살아왔으니까요. 이제 말이지만 울 엄마 제가 왔을 때 형한테 쌀쌀하게 말했지요.

"야! 너도 쫓겨날 판에 빨리 내보내."

이러면서 얼마나 형을 구박하고 협박했는지 모릅니다.

"엄마, 집 하나 있다고 되게 재네. 내방에서만 있게 할게!"

이렇게 말하면서 형은 저를 싸고돌았습니다. 마치 보디가드처럼 말예요. 12시가 넘어야 귀가하던 형은 방에 PC카메라까지 설치했고, 해가 중천에 있을 때 귀가했습니다. 형의 그런 모습은 해가 서쪽에서 뜨나 하며 엄마를 갸우뚱하게 했습니다. 엄마는 나를 매개로 형에게 개과천선하는 일이 일어날지 모른다는 얄팍한 기대감을 걸면서도, 날 선뜩 받아들이지는 못하는 거 같았습니다. 시간이 지나면서 '지 버릇 개주나' 라는 속담처럼, 형은 용수철같이 자기 생활로 돌아갔고 어영부영 나는 엄마의 차지가 되어 갔습니다.

"아이고, 저 말똥거리는 눈 좀 봐. 고물고물 거리는 어린 것이 젖도 못 먹고 아무 것도 모르고 엄마 떨어져 온 게 불쌍하다."

이렇게 말은 하면서도, 제가 마치 무슨 전염병이라도 걸린 것처럼 하루에도 수 차례나 손을 씻어가며 엄마는 저와의 동거를 낯설어 했습니다. 그러다가 형이 군 훈련소로 입소하게 되자, 마음이 약한 엄마는 조금씩 흔들리기 시작하더니 과잉친절로 저를 보살피기 시작 했습니다. 형이 훈련소에서 무사하기를 바라는 엄마의 마음을 담아, 형에 대한 보상심리로 말입니다. 나를 잘 돌봐야 형이 무사하리란 기원으로 그땐 모든 걸 조심스러워 했습니다. 이런 걸 형은 아마 모르고 있을 겁니다.

이렇게 시작된 엄마와 나의 관계는 이제 누구도 떼어 놓을 수가 없습니다. 저는 우리 집에서 엄마의 파워가 제일 세다는 것을 본능적으로 감지했고, 엄마에게 올인했습니다. 두 발로 콩콩 뛰며 엄마를 마중하고, 아주 힘없이 작은 목소리로 '응응' 하고 떼를 쓰면 맛있는 까까도 주시니까요. 또 식구들이 맛있는 걸 먹으면서도 저에게 안 주면 바로 엄마한테 이르지요. 엄만 먹지도 않는데 엄마한테 가서 짖으면 항상 '빌한테 조금만 줘라'고 하거든요.

든든한 내 편이 있다는 게 얼마나 행복한지 여러분도 아시잖아요. 누구나 사랑받는 걸 싫어하는 사람은 없으니까요. 진한 애정은 얼어붙은 마음도 녹인다더니 엄마는 저에 대해 서서히 경계를 풀기 시작 했습니다. 제가 입양되기 전 엄마는 저의 종족과 같이 사는 사람들을 아주 싫어했다고 해요.

"개를 낳았나? 엄마라네. 저 돈 있음 고아원에 기부하지."

이렇게 말하면서 아주 못마땅해 했답니다. 울 엄마 면구스러운지 요즘은 이렇게 말한답니다.

"아줌마라 하기도 그렇고, 보호자라 하기도 그러네."

그러면서 은근슬쩍 '엄마'의 호칭을 쓰기 시작하셨습니다. 울 엄마 변명처럼 하는 말은 7년의 로맨스라나요. 엄마가 하니까 불륜이 아니라는 거죠. 우리 엄마는 형과 누나가 맘에 안 들 때면 이렇게 큰 소리로 말합니다.

"빌이 제일 예뻐. 아이고, 우리 빌, 빌이 최고야!"

이렇게 과장되게 외치며, 형과 누나에게 시위를 합니다. 형과 누나가 알아들으라고요. 그건 엄마가 형과 누나에게 못마땅한 게 있다는 시위입니다. 그런데 제가 보기에는 아무리 그런 말을 해도 형과 누나는 엄마의 바람대로 반성하거나 엄마가 원하는 방향대로 깊게 생각하는 것 같지도 않더라고요.

엄마는 저를 내세워 형과 누나를 어떻게 해보려고 하고, 형과 누나도 만만치 않게 여우라서 엄마의 애절함과는 빗나가곤 합니다. 포기하지 않는 엄마나 끄떡하지 않는 형과 누나가 제가 보기엔 안타깝지만 뭐 어쩌겠어요? 시간이 더 흘러야 할 테죠.

나도 나름대로 생존 법칙이 있습니다. 삐지기도 하고, 우울증에 빠지기도 하죠. 천둥번개가 치는 날은 제가 젤 무서운 날이랍니다. 그럴 땐 아빠가 제일 믿음직스러워 아빠 품으로 가면 안심이 되거든요. 그런 아빠도 제가 싫지는 않은 거 같아요. 꼭 안아주고 웃는 걸 보면. 그래도 우리 집에서 젤 무서운 사람은 아빠랍니다.

누나는 까칠하게 해서 누나 침대엔 절대로 올라가지는 않습니다. 기분이 별로 일 때 누나가 와도 눈만 깜빡이고 모른 척 하면, 자기를 무시한다고 펄펄 뛰는 누나를 고소하게 바라보지만 늘 그러진 않아요. 어느 날엔 현관으로 막 달려가면

깍쟁이 누나도 맛있는 육포 하나를 선물해 주니까요. 그래도 한방을 쓰는 형은 애정표현이랍시고 날 헹가래치는 무식함도 있지만, 룸메이트의 남다른 끈끈한 유대감 때문인지 나의 아픔을 젤 먼저 눈치 채더라고요.

며칠씩 산책을 안 하면 저도 바깥세상이 궁금하고, 또 버려진 듯한 느낌과 비타민 D 부족인지 우울하답니다. 눈치 빠른 엄마와 산책을 젤 많이 하는데, 엄마 아빠가 여행 가방을 싸면 기분이 별로예요.

요즘은 제가 사랑하는 가족의 일원임을 당당히 자부합니다. 얼마 전 엘리베이터에 제가 탔다고 '왜 개를 여기 태우느냐'고 시비를 거는 할아버지를 보고 저도 그 할아버지가 정말 얄미웠답니다. 얼굴 시뻘게진 엄마가 당황해서 아무 말도 못하더니 할아버지 내리고 난 뒤 '더불어 사는 거지, 그럼 산속에 혼자 살지. 고약한 노인네' 하면서 분개하는 엄마를 보고 내가 사랑받는 존재라는 걸 다시금 느꼈습니다.

여러분 중에 혹 저의 종족을 좋아하지 않는 분도 계시겠지요. 그렇지만 우리는 사랑을 받고 여러분과 사이좋게 살고 싶은, 오랜 여러분의 친구라는 걸 잊지 마세요. 울 엄마는 우리 종족이 주인을 구했거나, 일편단심 충성을 다 하는 동물농장 프로를 보며 그게 마치 내가 한 일인 양 여깁니다. 그러면서 주변 사람들에게 '배신하는 사람보다는 낫다니까' 하고 말씀하시면서 나와의 동거를 합리화시키고 세뇌시킵니다. '충성을 다하잖아' 하고 말예요.

지가 우리 엄마의 자식이라는 건 비밀인데 알려드릴게요. 엄만 절 빌 게이츠라 부르고, 아빤 절 빌 클린턴이라 부르는데, 왜 그런지 여러분은 물론 아시리라 믿어요. 또 하나 저는 우리 집에 왔을 때 300g의 날씬한 애기였거든요. 근데 엄마의 유전자가 제게 전염된 건지 요즘 제 몸무게가 10kg이 넘어 이발비가 비싸다고 늘 불평을 하신답니다. 엄마 머리는 1만원 주고 깎는데 제 비용비가 몇 갑절이나 더 든다구요.

저도 날씬해지고 싶어요. 여러분도 아시겠지만 다이어트 그거 참 힘들더라고요. 근데 형은 처음에 나를 목욕도 시켜주고 산책도 시켜주더니 이제는 아예 그 일들을 엄마에게 다 전가했어요. 형이 절 입양해 와 놓고서는 그렇게 행동하니까 이제 저는 그런 형을 신뢰하지는 않아요. 우리들은 변심하는 게 젤 무서워요. 난 엄마, 아빠, 형, 누나와 오래도록 행복하고 살고 싶은 예쁜 빌이랍니다. ♣

질투

사랑하는 상대에게 질투가 안 생긴다면 그건 사랑이 아닐지도 모른다. TV프로 '동물의 세계'를 보면 암컷의 사랑을 얻기 위해 수컷이 목숨을 바치는 일이 다반사다. 설사 그것이 종족 번식을 위한 원초적 본능, 행동일지라도 말이다. 사람이나 동물이나 사랑을 독차지하고픈 건 매한가지인 것 같다.

태어난 지 백일이 안 된 손녀가 집에 온다고 하여, 9년째 키우고 있는 우리 집 막내 애완견 빌도, 이발에 목욕까지 하고 손녀를 맞았다. 모두의 관심을 독차지한 손녀의 등장, 조용하던 집이 시끌벅적 했다. 빌도 새로운 인물의 등장에 호기심 가득한 눈으로 다가와, 킁킁대며 냄새를 맡더니 조용히 소파 끝에 가서 앉는다. 우리는 탐색전이 끝났나보다 하고 빌에게 별 관심을 보이지 않았다.

그런데 내가 손녀를 한참 안고 어르니, 빌이 갑자기 다가와서 더는 참을 수 없다는 듯 두 발로 고추 서서 크게 짖어대는 것이다. 분노에 찬 음성에는 질투심이 완연했다. 평소에 잘 짖지 않는 빌이 짖는 소리에, 깜짝 놀란 식구들이 한바탕 웃었다. 멋쩍어하던 빌은 여전히 신경이 쓰이는지 아기를 안고 있는 남편 곁에 앉아, 눈에는 번민이 가득한 채 애써 손녀를 외면하고 시선을 고정하고 있다.

처음 보는 아기의 등장으로 혹시 사랑을 빼앗길까 불안해하는 빌을 보니, 귀엽기도 하지만 혹시 아기에게 해를 입히지 않을까 하는 걱정도 했다. 그러나 워낙 순하고 겁 많은 강아지라 걱정은 그다지 되지 않았다. 그동안 빌은 남편과 격앙된 톤으로 다투거나 아들에게 잔소리를 하면, 되레 지가 겁에 질려 슬슬 꽁무니를 내리고 기가 죽어서 구석에 쭈그리고 앉아 꼼짝도 안했다. 또 집안 분위기가 화기애애하면 엉덩이를 들이밀며 덩달아 헤헤 대며 표정이 밝아지곤 했다. 이처럼 감정을 공유해 왔던 빌이기 때문이다. 빌은 내가 손녀를 안고 방으로 가면 방으로, 거실로 나오면 거실로 손녀가 있는 곳을 졸졸 따라다녔다.

"아유, 우리 빌. 아가야 아가. 못 보던 아가가 왔지? 빌이 아가 돌봐줘야지."

나는 한참 너스레를 떨었다. 말은 못하지만, 감정은 통할 터이니 말이다. 내 말이 빌의 마음에 위안이 되었는지, 손녀가 잠들어 있다가 깨어나서 앙앙 우니, 지가 먼저 달려가서 손녀 곁에 서 있는 것이다.

인류와 가장 오래전부터 동거해온 동물이 개이다. 그래서인지 애완견에는 살아남기 위한 애교와 재롱의 유전자가 있다는 어느 동물학자의 말을 들은 적이 있는데, 나는 그 주장에 동감한다. 가르쳐 주지 않아도 자기가 필요한 것을 얻기 위해 피우는 동물의 애교작전을 애완견을 키우는 사람들은 알 것이다.

나는 빌의 말을 다 알아듣지는 못하지만, 빌의 입장에서 빌의 마음을 헤아리려고 늘 노력한다. 빌은 지가 좋아하는 닭튀김을 가족들이 먹고 있으면 팔에 머리를 얹고 애교를 피며 꼬리를 흔든다. 그리고 간절함을 담아 발로 톡톡 치니, 안 주고는 못 배기게 만든다. 어쩌다가 아침에 나가서 늦은 귀가를 할 때는 하루 종일 혼자 집에서 눈빠지게 기다렸을 빌에게 참 미안하다. 현관문에 들어서면서 '미안해 빌' 하고 말하지만, 애처로운 생각에 마음이 불편하다. 늘 주인 바라기인 빌이기 때문이다. 스스로 생존에 선택권이 없는 애완견이니 돌보지 않으면 혼자 살 수 없는 생명이지 않은가.

며칠 전 방송의 어느 프로그램에서 질투심이 때로는 아주 긍정적인 효과를 발휘하는 경우를 보았다. 애완견 마르치스를 기르는 집인데, 마르치스가 얼마나 사나운지 주인이 절절매는 것이다. 제 몸에 손도 못 닿게 으르릉 대니 주인이 안아줄 수도 없고, 목욕도 시키지 못하고, 목줄도 매지 못하니 산책도 시킬 수 없는 것이다. 주인 말은 들은 척도 않고, 모든 게 제멋대로인 그야말로 사고뭉치 애완견이니 상전도 그런 상전이 없어보였다. 제가 원하는 대로 안 되면 사납게 짖고, 때로는 주인도 물고, 그럴수록 주인은 애완견에게 전전긍긍 끌려 다니며 수습하기 힘든 상황에 봉착하였다.

그런 마르치스의 행동을 살펴본 동물 교정가는 다음 날 푸들을 데리고 그 집으로 왔다. 교정가는 마르치스 주인에게 푸들을 안고 애정을 표시하면서 쓰다듬어 주라는 주문을 했다. 마르치스 주인이 푸들에게 빠진 듯 육포를 주며 장난을 치니, 이 상황을 물끄러미 쳐다보던 마르치스가 전과 다르게 주인 옆으로 슬금슬금 다가오며 겸연쩍어 하는 것이다. 그래도 절대 눈길조차 주지 말라고 교정가는 지시하였고, 푸들은 마르치스를 약 올리듯 그렇게 한참을 놀다 돌아갔다.

그 뒤 자기를 본체만체 하며 냉랭하게 대하는 주인의 태도에 사납기가 그지없던 마르치스의 태도가 완전히 달라졌다. 그동안 주인에게 군림하며 오만방자하던 마르치스가, 무관심한 주인에게 꼬리치면서 관심을 끌려고 애닳아 했다. 주인이 이름을 부르니 기다렸다는 듯 쪼르르 달려가 안기기도 하고, 목줄을 매고 산책을 할 때도 지나가는 사람에게 사납게 대들거나 짓어대던 행동도 하지 않고 얌전하게 가는 것이다.

그렇게 달래고 얼러도 애완견답지 않게 까칠했던 마르치스를 개과천선하게 만든 것은 사랑을 빼앗길지 모른다는 위기감 때문이었던 것 같다. 그 영상을 보면서 나는 질투는 때로 약보다 더 좋은 효과를 나타내는 처방이 된다는 생각이 들었다. 사랑을 빼앗길까 전전긍긍하는 빌을 보며, 동물이나 사람이나 사랑은 누구나 받고픈 행복한 선물임이 분명하다는 걸 느낀다. 질투는 그 산물이 아닐까? ♣

2부

숲길을 걸으며

숲에서의 짧은 동행

낯선 곳으로의 여행은, 설렘과 기대 그리고 약간의 긴장감과 기분 좋은 흥분을 유발 한다. 혹자는 여행을 어디로 가느냐보다는 누구랑 가느냐에 더 많은 의미가 있다고 말하기도 한다. 이번 여행은 이런저런 사정이 있어서 시간을 맞추기가 쉽진 않았지만 모두 의기투합한 탓인지 약속한 전원 참석으로 기분좋게 출발하였다. 다들 자기 개성대로 노랑바지, 파란 머플러, 핑크 자켓, 빨간 모자, 흰 모자 등 한껏 기분을 낸 차림이다. 이런 저런 간식을 잔뜩 챙겨 오신 조 선생님의 배려심까지 덧붙여져 모두들 웃음꽃이 피워난다. 그 속에서 나는 작은 일 큰 일 막론하고 사람의 성품은 숨기지 못한다는 생각을 하며 천천히 산행을 시작한다.

물 흐르는 계곡을 끼고 나무 그늘 완만한 비탈진 산책로를 지나면서, 산에 대한 경계를 조금 풀고 삼악산 산행을 즐기기로 한다. 모두를 품어 안고 가면서도 요란스럽지가 않다. 부러진 나무 등걸에 다른 종의 어린 나무가 비집고 자란다. 그 모습이 자연스럽고 이쁘다. 숲은 참 어른스럽다는 생각을 잠시 한다.

습지의 이끼 밑으로 졸졸 흐르는 물, 이름을 알 수 없는 노랑 빛깔의 버섯, 썩어 반쯤은 사라진 속빈 상수리나무의 곰팡이 슨 묵은 때, 겹겹이 쌓여 삭아가는 짙은 낙엽 냄새까지 세월의 깊음과 기품이 느껴지고 오히려 엄마의 품 같은 편안한 위로를 받는다. 이런저런 이유를 변명하지 않아도 좋은 숲, 내 땅을 넘어왔다고 내 등에 기댔다고 하여 시비 붙지 않고 더불어 어울리며 함께 간다.

나는 잎이 넓은 떡갈나무를 좋아한다. 잎만큼 넓은 아량을 베풀어 줄 것 같아서 푸근하고 시원스럽다. 소나무처럼 자기 영역에 오면 찌를 것 같은 뾰죽한 침엽수는 사시사철 푸르름으로 고고하다지만 긴 겨울에 얼마나 외로울까. 출랑거리며 맥없이 바람에 날리는, 잎 같지 않은 아카시아의 잎새. 그러나 아카시아 꽃향기는 그윽하고 달콤하며, 주머니 같이 생긴 아름다운 흰꽃은 수줍움을 타는 듯하다. 중국의 소동파가 '고기 없이 식사는 할 수 있지만 대나무 없는 생활은 할 수 없으며, 고기를 안 먹으면 몸이 수척하지만 대나무가 없으면 사람이 저속해진다'고 예찬한 대나무. 사각사각 몸 부딪치는 맑은 소리를 들으면 머리까지 맑아진다.

거리를 측정키 위해 오리마다 심었다는 이름도 이쁜 오리나무. 귀한 자식의 단명함을 듣고 스님의 묘방대로 천 그루 밤나무를 심어 잘 키우면 액땜할 수 있다는 말에 정성을 다해 키운 밤나무. 십 년 후에 그날이 와서 세어보니 구백 구십 팔 그루였는데, 어떤 나무가 나도 밤나무요 하면서 옆 나무에게 너도 밤나무야 하고 외쳐 귀한 손을 살렸다는 얘기를 어릴 적에 할머니께 들은 적이 있다. 얼마나 고마운 나무인가. 그래서 생겨난 나도 밤나무, 너도 밤나무는 자기 이름도 버린 참 착한나무이다.

또 하늘을 향해 높이 키우지만 땅의 고마움을 아는지라 땅을 향해 길게 팔을 뻗고 양반처럼 유연하게 춤추는 풍류를 아는 물가의 버드나무. 성질 급한 아이처럼 불쑥 잎보다 꽃망울을 터트리는 봄의 전령 산수화. 이들 모두 다 자기가 지닌 색깔들이 다르다. 염치도 없이 저만 살겠다고 남의 등을 타고 올라가서 다른 나무를 다 죽이는 무례한, 그러나 끈질긴 생명력을 지닌 칡. 씹을수록 쌉싸름하고 달큰한 땅 맛을 보여주니 이 또한 이율배반적이다.

여름내 햇빛에 얼굴을 치장하고 가을을 대비하는 멋쟁이 단풍나무. 숨어서 선비를 사랑했다던 동화속의 다래나무. 가을 산행 중 어쩌다 다래를 만나면 횡재한 기분이 든다. 모두 다 자기 본분에 충실하게 그 땅에 뿌리내리고 산다. 이처럼 숲은 누구에게도 불평하거나 편을 가르지 않고 공평하게 대한다.

똑같이 지나가는 길. 누구는 물 단풍에 맘이 가고, 누구는 작은 몸을 흔드는 보랏빛 산 제비꽃에 눈을 맞추었으리라. 같은 길을 가면서도 다들 다른 곳에 발자국을 만들며 간다. 산 이슬의 청초한 물방울을 보고 간 이, 귀여운 다람쥐의 눈망울에 웃음을 머금고 지나간 이. 같은 길, 찰라적인 시간 차이에도 다 다른 아름다움과 생명이 꿈틀거리는 숲과 잠시 지나가는 나그네가 있다. 빨리 가서 많이 보고, 늦게 가서 조금 보았다고 누가 말을 할 수 있을 것인가? 숲이 거기에 있고, 우리가 거기에 잠시 어우러져서 하나가 되었을 뿐이다. 어린 나무, 늙은 나무, 큰 나무, 작은 나무 다 자기의 빛깔대로 어우러져 아름답다. 그래서 아름다운 동행이기를 기원하면서 돌무더기에 돌 하나 얹고 앞서간 사람들의 소중한 염원까지를 헤아린다.

산행을 하다가 힘들고 꾀가 나면 내려오는 사람에게 묻는다. 정상이 아직 멀었냐고. 그럼 한결같은 답이 돌아온다.

"아니요. 다 왔어요. 조금만 가면 정상이에요. 힘내세요."

뻔한 거짓말인 줄 알면서 그 말에 위안을 받아 또 걷고 걷는다. 나 역시 다른 사람에게 다 왔으니 조금만 더 올라가라 말하지 않는가. 산에선 선한 사람이 되어 서로를 응원하고 배려한다. 그게 산과 숲의 위용 탓일 것이다.

힘들어서 포기하고 싶다가도 저기까지만 가야지 하면서 올라온 것이 아까워 조금 더 걷다 보면 어느덧 정상에 다다른 적이 몇 번 있었다. 우리의 삶도 산행과 비슷하지 않을까 하는 생각이 얼핏 든다. 지치고 힘든 시간도 지나고 나면 다 소중한 추억이다. 일행과 떨어져 혼자 계곡물에 발도 씻고, 사진도 찍고 온갖 해찰을 부리며 흥국사까지 갈까 말까를 수없이 되뇌다 일행의 목소리가 들리는 흥국사 절에 도착하여 일행들과 합류하니 왜 그리 반갑고 미더운지….

절 앞 탐스런 불도화는 늦은 봄이 만개해 있다. 불자는 아니지만 고마운 인연에 감사한 맘으로 갔던 길을 되돌아서 내려온다. 같은 길인데도 올라 갈 때와 내려 올 때는 느낌이 사뭇 다르다. 뭔가 해냈다는 뿌듯함이 가득하다. 오래도록 그 맛을 음미하며 기억할 것이다, 그 눈동자들도 함께. ♣

가장 아름다운 꽃

봄은 설렘을 마음에 심어주는 계절임은 분명하다. 뭔가 좋은 일이 있을 것 같은 기대감이 생겨나고, 새로운 일이 시작될 것 같은 들뜸은 긴 추위에서 잘 살아냈다는 안도감과 더불어 달콤함을 즐기고 싶다는 보상 심리에 대한 기대감인지도 모른다. 그렇다고 봄이 그렇게 호락호락한 것만은 아니다. 느닷없이 눈이 내리고 영하의 날씨로 기온이 곤두박질치기도 한다. 그 바람에 성질 급하게 고개 내민 개나리와 진달래가 얼음꽃이 되어 겨우내 기다린 보람도 없이 만개하지 못하고 떨어진다.

그 때의 안타까운 마음은 아무리 자연의 섭리라지만 못다 핀 꽃에 대한 측은지심 때문에 느끼는 아픔일지도 모른다. 봄에는 황사에 진눈깨비나 우박까지 내리는 참으로 변수 많은 날들이 많아 T.S 엘리어트는 4월을 잔인한 달이라고 말했나 보다.

성장을 위해 성장통이 필요하듯 새로운 도약을 위한 대가를 지불하고 봄은 넘치는 생명들을 탄생시키며 달콤함과 희망과 행복을 우리에게 가져다준다. 추위를 이겨낸 겨울눈, 나비, 아지랑이, 복사꽃. 여기저기 꽃이 많이 피어나서인지 봄을 생각하면 꽃이 떠오르고, 꽃을 생각하면 사랑과 젊음이 연상된다. 무슨 꽃을 보아도 언제나 기분이 좋고 행복하다. 유리병에 꽂힌 노란 장미 한 송이까지도 꽃은 다 웃음을 머금게 한다. 그런 까닭에 어떤 꽃도 나이가 들었다거나 노숙하다는 느낌을 주지 않는다.

들판에 지천으로 핀 망초꽃, 정원에 똑같이 머리 깎고 주인을 기다리는 연산홍, 바위틈에 얻어온 자식 모양 조금은 기죽은 듯 보이는 얼레지꽃, 보도블럭 틈새에 목조인 듯 눈치보며 핀 민들레꽃, 산비탈에 야생녀처럼 피는 진한 당근 빛깔의 나리꽃, 님을 마중 나온 듯 화려한 등을 곱게 든 금낭화, 하다못해 유리병에 꽂힌 노란 장미 한 송이까지도 꽃은 다 웃음을 머금게 한다. 사랑에 빠지고 싶게 유혹하는 그윽한 보랏빛 향의 라일락꽃은 향기를 맡을 때마다 나는 상대도 없이 들떠 가슴앓이를 하는 사춘기 소녀처럼 사랑에 빠진다.

오늘은 친구들과 약속이 있어 한티역에서 분당행 전철을 탔다. 평일인데도 전철안은 승객들이 많아 앉을 자리가 없다. 두리번거리다 노약자석에 빈자리가 눈에 띄어 조금은 불편한 맘으로 노약자석에 엉거주춤 앉았다. 한참을 무심코 앉아가는데, 옆자리에 앉아있던 할머니가 춘곤증에 취해 머리를 내 어깨에 기대왔다. 그 바람에 할머니가 갖고 있는 검은 비닐봉지에 담겨있던 노란 튜립 한 송이가 수줍은 듯 삐죽

올라와서 두리번 거렸다. 마치 나에게 '안녕하세요'라고 인사라도 건네는 양 내가 있는 쪽으로 고개를 돌리고 있어서 나도 눈을 뗄 수가 없었다. 튤립은 만개한 상태보다는 수줍은 듯 기다리는 만개 직전의 상태가 훨씬 품위 있고 아름답다. 우리는 무슨 비밀 연애라도 하는 양 서로를 응시했다.

할머니의 남루한 행색과 투박하고 거친 손, 그리고 그 손에 쥐고 계신 검은 비닐봉투 속 샛노란 튤립 한 송이는 서로 묘한 조화를 이루었다. 저 검은 비닐봉투 안에는 뿌리까지 있는 것일까. 노란 튤립을 두 송이도 아닌 한 송이를 어디서 가져오신 걸까. 강한 의문과 함께 궁금함이 생겨났지만 춘곤증에 취해 있는 할머니를 깨워 여쭤볼 용기는 나지 않았다.

"어머, 그런데 얘 좀 봐."

할머니가 잠드셔서 할머니 대신 내릴 정거장이라도 챙기는 듯 튤립이 할머니 허락도 없이 자꾸 대담해지더니 눈을 뜨고 점점 움직이는 게 아닌가.

"얘, 얘. 그러면 안돼."

나는 속으로 아직은 때가 아니라고 외치며 참으라고 말하고 싶었다. 튤립은 잠이 든 할머니 품에서 벗어나고 싶은지 아님 전철 안 풍경이 궁금해 참을 수 없었는지 점점 눈을 크게 뜨는 것이다. 할머니는 너무 피곤하신지 아님 좋은 꿈을 꾸고 계신지 깨어나실 기미가 여전히 보이지 않는데 난 혼자 몸이 달았다. 마치 엄마가 졸고 있는 사이 아이가 혼자 아장아장 집 밖으로 걸어나가는 것을 보는 것처럼. 한 눈을 판 사이 아이를 잃어버린 엄마의 낭패감이 이런 심정이었을까.

나는 눈 뜬 튜립을 보며 집을 잃게 될까봐 말려야 될 것만 같았다. 혹시 할머니의 심정도 나와 같지 않을까 하는 나 혼자만의 상상에 따른 각본을 쓰면서 내 마음은 더욱 바빠졌다. 전철 안 할머니의 검은 비닐봉지 안에 담긴 노란 튜립 한 송이는 그 어디에서 본 꽃보다 생뚱맞게도 강하게 아름다웠다. 삶에 조금은 지쳐 보이는 할머니 그리고 생기 넘쳐 보이는 노란 튜립 한 송이. 아름답게 꾸며진 정원에 있었으면 튜립은 더 아름다웠을까.

여전히 피곤하신지 할머니는 눈을 감은 채 주무신다. 어디쯤 가서 내리실지 알 수 없는데 시간은 속절없이 흘러간다. 만약 시간이 흘러서 튜립이 꽃잎마저 다 떨어져 대궁만 남게 되면 어쩌지? 하는 생각까지 든다. 그동안 본 튜립을 생각해 보니 만개시간이 짧아서였는지 꽃꽃이 한 튜립은 본 기억이 없다.

짧은 시간 곱게 눈 뜬 튜립꽃을 지켜보고 있으니 할머니의 검버섯 핀 칙칙한 얼굴빛도 이제는 더 이상 우울하지 않게 보였다. 할머니는 꽃을 사랑했고, 한 송이의 튜립은 자기의 본분을 다해 아름다운 꽃을 피웠고, 난 그 곁에서 아름다운 동행을 했다. 저 노란 튜립도 할머니의 꿈속을 잠깐 스쳐 지나치면서 만들어낸 한바탕 꿈은 아니었을까? 어쩌면 우리 마음속에 짧은 시간동안 피어나는 꽃들도 제대로 알아주지 않으니 피었다가 바로 저버리는 것을 반복하는 것은 아닌지 모르겠다.

남루한 검은 비닐봉지에 들어있던 노란 튜립은 이제 더 이상 초라하지 않았다. 꽃은 어디에 어떻게 있어도 아름다운 것처럼, 잠이 든 할머니의 마음도 튜립처럼 저렇게 연하고 예쁘지 않을까. 내려야할 역에 도착했을 때 나는 할머니가 깨실까봐 살짝 밀치고 조심스레 일어나면서도 내 마음은 여전히 전철 안을 떠나지 못하고 오래도록 노란 튜립에 머물러 있었다. 그후로도 오랫동안…. ♣

동행하고 싶은 사람

살다보면 참 많은 사람과 이런 저런 일로 엮여서 만나게 된다. 우리들은 동창, 동향이거나 같은 직장이거나 취미가 같아서, 또는 이러저러한 이해관계나 필요에 의해 사람들을 만나게 된다. 그 과정에서 한 때 친하게 지내다가 멀어지기도 하고 이런저런 일로 헤어지기도 한다. 처음 만날 때는 영원히 친밀할 것 같지만, 몇 십 년을 한결같이 잘 지내는 것은 쉽지 않다.

오래 만나도, 좀처럼 묵은 정이 생기지 않는 플라스틱 그릇 같이, 마음이 가지 않는 사람이 있다. 만나기는 만나도 속말을 하게 되지 않고 붕붕 떠다니는 세상 이야기나 하며 좀체 뭉근한 따스함이 느껴지지 않아 늘 만나도 그 거리가 좁혀지지 않는 사람도 있다. 또한 같이 놀 때는 더없이 세상에서 가장 가까운 사람인 척 하지만, 이해관계에 따라 철새처럼 날아가 버리거나 스쳐 지나가는 가벼운 사람도 있다. 반질반질 닳아 달착지근한 겉치레 말만 듣고 돌아오다가 생각하면 빈 껍질같이 무게가 느껴지지 않는 사람도 있다. 또한 자기가 교과서인양 모든 게 자기 기준인 사람이나 남이 하는 것은 늘 못마땅하고 불만이 많아서 부담스러운 사람도 있다.

그리고 자신이 판관인 양 중립을 지킨다고 늘 회색선상에 놓인 말만 하면서 자기 부담을 지지 않는 애매한 색깔의 사람도 있다. 그런 사람이 연사라면 좋다고 박수라도 치겠지만 인간적인 맛이 덜 느껴져서 내 옆에 두기엔 불편하다. 자기를 열지도 않고 타인을 받아들이지도 않는 독불장군 외톨이형의 사람이나, 딱딱한 사기그릇처럼 센 고집이 자랑인 양 아량이라곤 없이 남에게 상처를 주는 말만 하는 사람을 만나고 나면 피곤하다.

또 얘기를 들어주다 보면 온갖 일에 말이 많아 공허하여 하품이 나는데도 눈치 없이 이야기를 끝내지 않는 사람도 있다. 예쁘다고 하면 꼴값 떠는 고추장 그릇 같이 오만 방자함으로 제 분수를 모르는 사람이나, 말은 청산유수 같이 풍풍거리며 통이 큰 척 하지만 짜기가 간장 종지 같아 지갑을 열지 않는 사람, 그리고 자기에게 전혀 불이익이 없는 일임에도 남 잘되는 것이 배 아파서 안면몰수하고 사소한 부탁마저 거절하는 사람도 있다.

이처럼 살다보면 우리는 참 많은 유형의 사람을 만난다. 수많은 만남을 통해 사람들과 끊임없이 관계를 맺으며 살게 되는 것이 우리네 삶인데, 어느 순간 이같은 만남 속에 얼마만큼이나 내가 사람들을 진정으로 만나는지 나 자신도 의문이 생길 때가 종종 있다. 그럴 때마다 나와 그 사람이 쌕쌕이

한 박스로 끝나는 얄팍한 관계가 아닌지 나 자신을 뒤돌아보게 된다. 나는 과연 타인에게 어떤 유형의 인간일까? 나는 누군가의 동행하고 싶은 존재일까? 어떤 때는 나도 의도적으로 상대방을 내질러 상처를 준 적도 있으니 위에 나열한 여러 부류의 사람들 속에 여기저기 끼어 있을 것이다. 되돌아보니 나 또한 참 부끄럽고 반성할 게 많은 미숙한 인간이라는 생각이 든다.

사람이 평형감각을 잃지 않고 지조를 가지고, 자기의 처지에서 분수와 의리를 지키며 남에게 상처주지 않고 평생을 바르게 살아간다는 일이 쉬운 일은 아니다. 간사한 게 사람이라고 대범한 척 하지만 작은 이해관계에도 얼마나 많은 순간 갈등하는가? 나이를 먹어가면서 촉이 발달하여 우아한 척 하면서 적나라하게 표현하지는 않지만 우리는 서로의 촉을 느끼며 살아간다.

오십 견으로 팔과 등 치료를 받은 적이 있다. 비닐을 깔고 석고를 펴서 팩을 하는데 시간이 지나면 점점 뜨거워지면서 굳은 근육을 푸는 치료법이다. 등에 눈이 달린 것도 아닌데 등에 석고를 펴는 사람의 손길에서도 그 사람의 인간성을 엿보게 된다. 꼭 낫기를 바라는 마음으로 해주는지, 아니면 건성건성 돈벌이의 회수를 채우기 위해 하는지 금방 느낌이 온다.

늙어가면서 사람을 사귀는 것이 쉽지 않은 것은 서로의 속내를 드러내지 않아서일까? 아니면 너무 투명하게 상대방이 잘 보여서일까? 이제는 탐색하고 길들이는 시간이 싫어 새 사람을 사귀는 것이 어렵다. 때로는 믿었던 사람에게 실망하며 그 사람을 잃게 될까봐 두려움에 떨기도 하고, 나의 단점과 부족함도 상대가 너그럽게 다 포용해주기를 바라기도 한다. 또 내 눈의 들보는 보지 못하고 남의 눈 티끌만을 보는 경우도 많다.

문득 새 사람을 사귀기보다 알고 지내는 사람을 잘 관리하라는 어떤 친구의 말이 생각난다. 묵은 장맛이 좋다는 속담처럼 얕은 관계로 좋게 지내기보다는 쓴맛 단맛 다 겪어낸 깊은 인간관계를 맺어두라는 말이 아닌가 싶다. 묵은 장맛 같은 인간관계는 서로의 장단점을 포용하면서 서로에게 길들여지는 시간이 필요하다. 비바람 맞으며 핀 생화와 곱기만 한 향취 없는 조화가 어찌 견줄 수 있을 것인가.

사람을 알려면 그 사람과 여행을 같이 떠나보라는 이야기가 있다. 함께 생활하다 보면 서로의 인품과 미처 모르던 성격도 알게 되고, 상대방의 장단점도 보게 된다. 내가 자주 만나는 사람들 중에 30여년동안 꾸준히 만나는 사람이 있다. 이상권, 박영순 부부로, 그들 부부와는 매년 장거리여행을 함께 해온지도 10년째가 된다. 여행을 좋아하는 공통점이 있기도 하지만, 10년을 한결같이 의기투합해 알콩달콩 다니는 우리를 주위 사람들은 참 부러워한다.

한 직장에서도 몇 십 년을 함께 지내다보면 본의 아니게 눈총과 시기, 적이 있기도 한데 아직까지 주위의 평판이 좋은 걸 보면 내가 본 두 사람의 인간 됨됨이가 분명 틀리지 않았으리라. 같은 직장, 같은 동문, 같은 MBA 과정 그리고 같은 아파트 모임 등 어느 모임에서 보아도 모나지 않고 상대방 입장을 잘 헤아리며 어디에 치우치는 법이 없다. 모임이 끝나면 일일이 사람들을 챙겨 배웅하고 난 뒤에야 돌아가는 모습을 보면 그의 따스한 마음을 엿보게 된다. 작은 일인 듯 보이지만 배려하는 마음이 없으면 할 수 없는 행동이 아닐까?

잘난 체 거들먹거리지 않는 솔직한 겸손함과 사람들에게 도움을 주고자 애쓰는 모습, 그리고 말 한마디도 상대방을 참 기분 좋게 하는 인간적인 매력이 이상권 님, 그 분에게는 있다. 또 그 분의 친절은 꼭 아는 사람에 국한된 것만도 아니다. 여행지에서도 동행이 같이 사진을 못 찍을까를 염려하여 열심히 카메라를 눌러주는, 참 타고난 부지런한 성품을 지니고 있다. 그래서 여행이 끝나면 얼마나 많은 사진을 찍었는지 비디오를 보는 듯 이어진 화면에는 여행을 다시 하는 듯 장면 장면이 생생하게 살아있다. 그리고 건강상 큰 어려움에 처했을 때도 긍정적 사고로 의연하게 대처하여 건강을 되찾은 의지의 사나이기도 하다.

박영순 님은 때때로 나와 서로 톡톡 대기도 하지만, 이틀만 전화가 없으면 궁금해서 서로 전화를 하는 사이이다. 어떤 주제가 나오면 기승전결의 긴 설명이 이어져서 내가 가끔 핀잔을 준다. 하지만 속내가 착해 친절한 탓임을 왜 모르겠는가? 그 덕에 내가 지어준 별명이 아는 것이 많은 박사라는

'안다박사'이다. 이 별명을 지어주고 작명료를 달라고 했지만 아직까지 받지 못하고 있다. 그 별명을 오랫동안 부르다보니 우리 주위 사람들도 덩달아 '안다박사님은 잘 계셔?' 하고 안부를 묻는다. 속내가 깊어 속말을 거르지 않고 해도 잘 이해해주는 참 맘이 편한 친구다.

황혼의 나이, 마음이 울적할 때 나는 마음을 기댈 수 있는 친구가 있어 행복하고 든든하다. 가끔 딸에게 훈계를 할 때가 있다.

"남을 배려하고 넉넉해야 주위 사람이 좋아하지."

하고 내가 말하면,

"엄마의 이상형 정형이 아빠."

하고 딸이 선수를 치며 분위기를 누그러뜨린다. 아마도 여러 번 딸에게 직장에서 인정받고 가정생활도 화목한 롤 모델로 그들 부부 이야기를 했기 때문일 것이다.

인생에서 누군가와 동행하고 싶은 파트너로 뽑힌다는 것은 참 잘 살았다는 징표가 아닐까? 황혼의 노년이 덜 쓸쓸하고 건강하게 친구 부부와 오랫동안 같이하고 싶다. 그리고 나도 누군가의 좋은 동행 파트너가 되도록 삶을 살고 싶다. 아름다운 동행을 위하여. ♣

자라 일곱 마리

살다보면 이런 저런 사람들과 어울리게 되고, 어울리다보면 거기에는 돈이 들어가게 된다. 차를 마시거나 식사를 하거나 할 때 공동으로 함께 지불해야 하는 돈이 필요해지는 것이다. 이럴 때마다 참 곤욕스럽긴 하지만, 눈치껏 우아하게 돌아가며 차나 밥을 사게 된다. 그런데 어느 모임에나 그런 자리에서 무임승차 하는 사람이 꼭 있다. 그러다보니 사는 사람은 늘 사게 되고, 얻어먹는 사람은 늘 얻어먹는다. 밥이나 차를 사는 사람도 처음 몇 번은 좋은 마음으로 사긴 하지만, 얻어먹는 사람이 계속해서 뻔뻔한 태도를 보이면 은근히 화가 나게 된다.

그런데 그런 사람뿐만 아니라 직업상 얻어먹는 일에 익숙한 사람을 보면 누구를 만나서도 얻어먹는 것을 당연한 듯이 행동한다. 대접받는 것을 당연하게 여기는 그런 부류의 사람들이 남과 계산할 일이 있을 때는 매우 야박하게 구는데, 그런 사람을 만날 때마다 늘 자라 일곱 마리를 놓고 고민하던 아이들이 떠오른다.

마이카 시대가 시작된 80년대 초반, 차를 가진 사람들이 많지 않을 때였다. 작은 차를 산 우리는 차가 없던 친구네와 주말이면 먹을 것을 장만해서 여기저기 신나게 다녔다. 아이들이 유치원과 초등학교에 다닐 때여서 좁은 차에 아이 4명과 어른 네 명이 타기에는 불편했어도 참 신나고 행복하기만 했다.

그 무렵 어느 날, 우리 가족과 친구네는 삽교천으로 낚시를 하러 갔다. 정작 어른들은 고기 한 마리도 못 잡고 무료한 시간을 보내고 있는데, 갑자기 아이들이 비명을 지르며 좋아했다. 아이들이 뭍으로 올라 온 새끼 자라를 잡은 것이다. 7마리나 되는 새끼 자라를 잡은 아이들은 마치 고래라도 잡은 듯 흥분하며 기뻐했다. 자기들이 잡은 자라에 대해 이야기 하는 무용담은 끝날 줄을 모르고 계속되었고, 아이들은 집에 가지고 가서 자라를 기를 생각에 벌써부터 들떠 있었다. 우리는 아이들이 잡은 자라를 트렁크에 넣고 차에 탔다. 그렇게 한참을 신나하면서 떠들던 초등학교 2학년인 민우가 갑자기 골똘히 생각에 잠기더니 불쑥 말을 꺼냈다.

"엄마, 근데 자라 어떻게 해?"

"뭘 어떻게 해? 네가 기른다며. 집에서 기르면 되지."

"아니, 일곱 마리잖아?"

우리는 그제서야 아이들의 고민을 눈치챘다. 그때 짓궂은 친구 남편이 민우에게 말했다.

"뭘 어떻게 해? 한 집에 세 마리씩 나누고, 한 마리는 둘로 나누면 되지.”

“아빠, 그럼 자라가 죽잖아?”

조금도 양보할 마음이 없었던 두 집 아이들은 더 이상 아무 말도 하지 않고, 고민에 빠진 표정이 역력했다. 초등학교 1학년인 우리 아들과 2학년인 민우, 그리고 유치원생인 두 집 딸 둘도 아무런 말이 없다. 우리는 네 아이들이 어떻게 결론을 내릴까 하면서 흥미진진하게 바라보았다. 그런데 집에 도착하여 차에서 내릴 때까지도 아이들은 어느 누구도 양보하겠다는 말을 하지 않았다. 결국 어른들은 한 마리 자라에 대해서는 깍두기를 하라고 제안했다. 하루는 이 집, 하루는 저 집에서 기르라고 한 것이다. 자라 한 마리를 놓고 서로 신경전을 벌이는 아이들을 보며, 어른들은 그저 묘한 재미를 느끼면서 지냈다.

그렇게 삼사일이 지났을 때, 친구와 나는 자라에 대해 이야기를 하다가 초파일을 맞아 불자들이 방생한 새끼 자라를 잡아온 것은 아닐까 하는 생각을 했다. 그렇게 생각하니 불자들이 놓아 준 자라를 잡아와서 좁은 어항 안에서 기른다는 것이 왠지 미안하고 찜찜했다. 그리고 서로 사이좋게 지내는 아이들이 자라 한 마리 때문에 마음의 갈등을 겪고 있는데 어른들이 그저 재미삼아 지켜볼 일은 아니라는 생각이 들었다.

나와 친구는 자라를 강에 놓아주는 게 좋겠다는 결론을 내리고 아이들을 설득해보기로 했다. 두 집 네 아이를 불러

놓고는 '자라는 자기가 사는 큰 강물을 더 좋아하며, 자라도 친구와 엄마와 떨어지면 슬프겠지?' 하고 말하니 표정이 시무룩해지면서 자기들도 서로 상의를 해보겠다며 방으로 들어갔다. 우리는 아이들이 어떻게 결정을 내리나 한참을 기다렸다. 한참동안 방에서 조잘대는 소리가 나더니 네 아이들이 의견을 모았다고 하면서, 자라를 엄마와 친구 곁으로 보내 주기로 했단다. 모르긴 해도 아이들도 자라 한 마리 때문에 마음에 부침이 있었는지 흔쾌히 결론을 내린 듯 했다. 그래서 우리는 네 아이들과 함께 한강으로 가서 자라를 강에 풀어주었다.

그 때에는 자라 한 마리를 두고 갈등하면서도 양보하지 못하는 아이들의 행동이 유치하다고 생각했었다. 그런데 가끔 자기 것을 끔찍하게 아끼면서 남에게 인색한 사람을 보면 자라 한 마리 때문에 고민하던 아이들의 모습이 생각난다. 살면서 작은 이익에 매달려서 갈등하는 때가 누구나 있다. 자라 한 마리를 양보하기 싫었던 아이들의 마음처럼, 우리 어른들도 그렇게 큰 이익이 되는 것도 아닌데 아주 작은 것에 자주 갈등하며 살고 있는 것이다.

특히 돈을 내야 하는 상황에서 항상 자신을 열외시키는 사람을 보면 아주 작은 것에도 인색하다. 그런 사람들은 통이 큰 척 잘 떠들긴 하는데, 결코 지갑은 열지 않는다. 어느 누구라도 자기 돈이 아깝지 않은 사람이 있을까? 지갑을 열지 않는 사람들을 보면 대부분 돈이 없어서라기보다는 염치가 없는 사람들이다. 이처럼 작은 것, 아주 작은 것 때문에 상대방 마음에 상처를 주는 사람들은 자신이 알뜰해서라고 말하기도 한다. 그런데 알뜰한 건 자기가 쓸 것을 아끼는 것을 말하는 것이다. 자신을 위한 돈은 쓰면서 다른 이에게 인색한 건 뻔뻔한 것이 아닐까. ♣

지혜로운 엄마

자식을 키우는 일은 참 어렵다. 처음 해보는 부모 역할은 서투르고 욕심이 앞서 시행착오의 연속이다. 지나고 보면 잘한다고 한 것이 아이에게 씻을 수 없는 상처를 남겨 두고두고 후회로 남기도 한다.

내가 즐겨 입는 옷 브랜드가 있는 백화점에서 옷 매장 매니저로 일하는 최경숙 님이 있다. 내 또래인 최경숙 님을 15년이 넘게 알고 지내다보니 이제는 친구나 다름없이 격의 없이 지낸다. 특히 같은 나이의 딸을 두고 있어서 딸 이야기를 하다보면 공감하는 부분이 많다. 여러 손님을 상대하다보면 이말 저말 하면서 비판이 나올 수 있는데 그는 절대 남의 말은 하지 않는다. 또 자기가 파는 브랜드 옷을 사지 않아도 편하게 대해주니 옷을 살 일이 없어도 가끔씩 가서 차를 마시곤 한다. 때로는 다른 브랜드의 옷을 사가지고 가서 자문을 구해도 솔직하게 진심어린 조언을 해준다. 겉모습만 멋쟁이가 아니라 의식까지도 멋쟁이다.

그는 종종 한 아름의 꽃으로 매장을 장식한다. 지나가다

보면 환한 꽃이 주는 신선함이 사랑스러운 느낌을 주어 기분이 좋다. 아마도 자기 돈으로 철 따라 매장에 꽃 장식하는 매니저는 드물 것이다. 그래서인지 남을 배려하는 그의 모습에서 나는 그가 정말 멋쟁이라는 느낌을 받는다. 그런 그에게 내가 더 감동을 받은 건 그가 지혜로운 엄마였다는 점 때문이다.

그의 아들은 사춘기 홍역을 심하게 치렀다고 한다. 아들이 학교에서 담배를 피워 부모님 호출이 있었는데, 한두 번도 아니어서 학교에서는 징계를 이야기했단다. 아마도 친구에게 담배를 사오라고 시켜서 문제가 더 커진 듯 했다. 그는 아들에게 아무 염려 말라고 안심시키고 학교로 가서 담임 선생님과 교장 선생님을 만났다고 한다. 선생님의 말을 듣고 난 그 엄마는 아이의 잘못이 아니라 아이를 잘못 키운 내 잘못이니 자기가 반성문을 쓰겠노라고 했단다. 그리고 담배를 피우는 게 잘못된 일이긴 하지만 담배를 금방 끊는 것은 쉬운 일이 아니니 조금만 기다려달라고 했다고 한다. 어른도 담배를 쉽게 끊지 못하는데 아이이니 얼마나 더 힘들겠느냐며 선생님들을 설득했다고 한다.

집으로 돌아 온 그 엄마는 아들에게 지저분한 공중 화장실에서 숨어 피지 말고 네 방에서 위생적으로 피우라며 담배를 사다 아들 방에 놓았다 했다. 그리고 병에 꽁초가 보이지 않게 예쁜 그림을 붙여주며 아버지한테 꽁초를 보이지 않게 조심하라고 당부를 했단다. 이런 엄마의 행동을 본 아들은 엄마한테 너무 미안하고 죄스럽다며 제 누나를 붙들고 울었다고 한다.

그 엄마는 학교를 다시 찾아가서 한자 한자 정성을 다해 쓴 장문의 사과편지를 선생님께 드렸다고 했다. 부모라면 누구나 자식이 똑바른 큰 길로 걸어가길 원하고 그 길이 안전한 지름길이라는 걸 알고 있지만 자식의 성향은 부모의 뜻대로 되지 않는 것 같다면서, 자기는 아들이 크게 잘못되지 않는다는 걸 믿는다고 했단다. 자기 아들은 호기심이 많고 자기가 원하는 걸 꼭 하는 아이라 비록 갈지자를 그리며 조금 늦게 가지만 언젠가는 올바른 길로 가게 될 것이라고 썼단다. 그리고 아들이 사춘기 홍역을 심하게 해서 문제를 일으키는 아이지만 혹시라도 잘하는 게 있으면 꼭 칭찬을 해 달라고 간절하게 썼다고 한다.

엄마의 편지를 읽은 교장 선생님은 그 어머님이 진정한 교육자라며, 자기들도 반성을 하게 되었다고 하더란다. 늘 질책만 받던 아이는 그 뒤 학교 선생님들 사이에 화제가 되었다고 했다. 운동을 잘하는 아들에게 체육 선생님은 골키퍼를 시켰는데 골을 막자 '정말 멋지게 골을 막아냈다'고 많은 아이들 앞에서 칭찬을 했다고 한다. 칭찬을 들은 아이는 그때부터 자신감을 갖기 시작했다고 한다. 그 뒤 아들은 친구들에게도 폭력을 쓰지 않게 되었고, 학교생활에 재미를 붙이면서 친구들도 많아졌다고 했다.

그 뒤부터 그 엄마는 아들이 친구들을 데려오면 정성을

다해 음식을 해서 먹이고 아이들 말에 귀 기울이며 역성을 들어 주니 아들 친구들이 거의 와서 살다시피 했다고 한다. 아들은 점점 공부에도 자신감을 갖고 생활하였고, 학교에 축구부가 생기는 계기도 만들었다고 했다. 지혜롭고 현명한 엄마를 둔 그 아들은 지금 좋은 대학을 나와 이제는 건강한 청년이 되어 사회인으로 당당히 살아가고 있다. 지금도 아들 친구들은 조그만 선물을 사들고 종종 찾아와서 그 때 맛있게 먹은 김밥, 떡볶이, 탕수육 이야기를 한다고 했다. 가끔 아들과 통화하는 그 엄마의 모습을 보면 엄마와 아들 사이에서 사랑이 넘쳐흐르는 것 같아 부럽기만 하다.

그 엄마의 얘기를 들으면서 나를 뒤돌아보니 몹시 부끄러웠다. 난 그동안 우리 아들을 한 번도 기다려 주지도 않았다. 아마도 아들의 고교시절에 그런 일이 있었다면 나는 머리를 싸매고 며칠을 누워서 세상이 끝난 절망감으로 아들에게 분노만 드러냈을 것이다. 사람이 셋이 모이면 그 중에는 스승이 있다고 한다. 아들을 믿고 기다려준 그 엄마의 슬기로움이 부럽고, 그동안 아들에 성급하게 대하기만 했던 내 태도에 반성을 하게 된다. ♣

아름다운 가업

요즘 드라마를 보면 이 삼 십대 기업 대표인 젊은이가 주인공이 되어 중년의 부하 직원에게 비인격적인 언어 살인을 하고, 기업을 두고 형제간의 모함과 암투가 얽히고 설킨 출생의 비밀을 다루고 있어서 머리가 아프다. 현실성 없는 말도 안 되는 몰염치한 마녀와 짝이 되고, 맞수격으로 부자집 도령이 나타나 천사표 주인공과 짝이 되는 식상한 전개가 싫어서 드라마를 거의 안 본다.

물론 헛바람이 잔뜩 들어 노력보다는 일확천금을 꿈꾸는 병든 젊은이가 이 세상에는 적지 않게 있긴 하지만, 대표님이나 회장님 등 근사한 명패를 갖지 못한 대다수의 많은 사람들은 자기의 위치에서 더 나은 미래를 위해 꿈을 꾸며 열심히 일하고 있다. 그런데 왜 그렇게 드라마 속의 기업들은 부도덕하고, 일확천금을 좇는 썩은 젊은 영혼이 많은지 모르겠다. 그럴듯한 가업을 물려줄 게 없는 대부분의 부모와 받을 게 없는 자식들의 박탈감이 행여 성실하고 우직하게 사는 사람들에게 폐가 되지는 않을까 염려스럽다.

부모들 대부분은 자식이 자기보다 안락하고 안정된 직업을 갖고 살기를 바라는 것이 인지상정이다. 소위 성공한 직업군이라 불리는 몇몇 선망하는 직업은 자식이 가업으로 잇기를 원하지만, 사회적으로 그렇게 선망하는 직업이 아닐 경우, 부모 또한 자식이 자기 직업을 물려받는 것을 탐탁치 않아한다.

그러나 요즘은 인식이 달라지면서 많은 변화가 생기고 있다. 젊은이의 취업난이 연일 뉴스의 중심이 되기도 하고, 조기 명퇴의 불안감 때문이기도 하겠지만, 자기 직업에 대한 당당한 인식의 변화를 종종 보게 된다. 무슨 일을 하건 겉보기에 번듯한 직업은 아니어도 자기 일을 열심히 하는 사람은 그래서 보기가 좋다.

강남 롯데백화점 뒷문 쪽에 구두수선과 열쇠를 복사하는 한 평쯤 되는 작은 가게가 있다. 내가 보아온 세월이 25년이 넘었지만, 아마 더 오래전부터 그 수선집이 그 자리에 있었는지도 모른다. 얼굴이 환한 아저씨에게 구두 굽을 갈고 열쇠도 복사하고, 때로는 상품권을 사기도 했다. 별로 말이 많지 않은 아저씨는 시원시원하게 구두 굽을 능숙하게 잘 갈고 열쇠 복제도 잘하여 복제한 열쇠가 뻑뻑해 문을 열 때 신경 거스르는 일도 없다. 가끔은 예쁘장한 부인이 나와 식사를 함께 하기도 한다.

그런데 언제부터인지 가게에 직원 한 사람이 더 늘었다. 아버지를 쏙 빼닮은 희멀건 하게 잘 생긴 아들이 가게에 나와 아버지의 기술을 전수 받고 있다. 돌아가는 기계에 고무창을 깎아 다듬기도 하고, 밑창에 접착제도 붙이기도 한다. 아버지 보기에 미숙한지 이렇게 하라고 시범을 보이면 열심히 배우는 아들, 함께 일하는 부자지간의 모습이 참 보기 좋다. 아버지에게 구두 수선 일을 배우는 젊은 아들은 겉만 멋들어서 하릴없이 거리를 떠돌며 방황하는 또래의 허황된 청년과는 아주 다르다. 아주 야무지게 잘 자란 청년이어서 멋있다는 생각이 든다.

일주일에 두 번 아침 일찍 그 앞을 지나가는데 아들이 먼저 나와 가게 문을 여는 것을 본다. 일부 젊은이들의 나태하여 독립하지 못하고 부모에게 얹혀사는 캥거루족이 되어, 부모에게 짐이 되고 있다. 그런 젊은이들과 대비가 되면서, 남의 아들이지만 앞날을 축복하고 싶은 마음이 절로 든다. 어쩜 어설픈 직업보다 훨씬 짭짤한 수입이 되는지도 모른다. 백화점 서문 앞 길 건너에도 구두 수선집이 있어 지나가다 구두 굽을 갈기도 하는데, 그 곳엔 중년의 부부가 함께하는 시간이 많다. 하루는 구두 밑창을 갈며 작은 쪽의자에 앉아 기다리는데, 하도 두 사람의 대화가 구수하고 정감이 있어서 말을 건네 보았다.

"금슬이 참 좋으신가 봐요."

사람 좋게 생긴 아줌마는 남편이 고맙다고 한다.

"성실하고 아쉽지 않게 살만큼 돈을 버니 나는 너무 행복해요."

"아, 그래요. 얼마를 버시는데요?"

하고 물으니, 그 말에는 대답 않고 아저씨가 불쑥 말한다.

"이게 별거 아닌 것 같아도 2-3년은 배워야 하는 기술이유."

그러면서 이 일도 길목과 기술이 좋아야 수입이 괜찮다며, 다른 일을 하다가 이 직업으로 바꾸었는데 지금은 아주 만족한단다. 남의 눈치를 안보고 일한 만큼 돈도 벌고, 사람들의 헤진 신발을 고쳐주니 얼마나 좋은 직업이냐고 말한다.

"아, 예 그렇겠지요?"

하고 대답하면서 아무나 쉽게 하는 일이 아님을 강하게 맞장구 쳐 주었다. 아저씨의 그 말에는 남들은 구두 수선하는 일을 가볍게 볼지 몰라도 다 기술과 경험이 있어야 할 수 있는 일이라는 자부심이 담겨 있다. 천을 덮은 무릎에 남이 신던 구두를 올려놓고 정성껏 수선하는 아저씨의 진지한 표정에서 참 착한 인성이 느껴졌다.

내가 가끔 가는 곳으로, 여주의 작은 만두집이 있다. 시어머니의 대를 이어 이제 손주가 운영하는데, 나는 식당에 가면 새로 번듯하게 지은 별채보다 작고 낡아 비좁지만 더 정감이 가는 예전 할머니가 하던 본채에 가서 앉는다. 깨끗하고 편하게 단장해 놓은 공간도 좋지만, 낡아서 시간의 박물관에 와있는 듯한 편안함이 나는 더 좋다. 그곳처럼 이 작은 구두 수선가게에도 시기와 모함이 없는 곳에서 보여주는 자부심과 편안함이 있다. 조그만 구두 수선가게도 비록 작은 공간이지만,

대한민국의 젊은 청년이 아버지 대를 이어 열심히 일하는 아름다운 가업 계승에 조용히 박수를 보낸다. ♣

이웃사촌

"안녕하세요? 어머, 오늘 옆 아줌마들은 안 나오셨나 봐요?"

"다른 사람들은 다 자식 잘 두어서 안 나오고, 자식 잘못 둔 나나 남 다 받는 꽃 한 송이 못 받고 여기 나와 앉아 있지."

아줌마의 툭 내뱉는 말에 나는 당황스러워 괜히 인사말을 잘못 던졌나 순간 후회를 했다.

"아이 왜 그러세요? 힘내시고 빨리 팔고 일찍 들어가 쉬세요."

이렇게 위로의 말을 하고는 다른 날 사는 양보다 두 배로 애호박이며 가지와 부추를 사가지고 집으로 왔다. 그런데 경쟁 상대였던 아줌마들이 안 나와서 텅빈 자리에 혼자 좌판을 펴고 앉아 있던 아줌마의 씁쓸한 모습과 말이 머리에서 떠나질 않았다. 하루 종일 어제 예쁜 카네이션을 받았던 내 마음에 가슴 찡하게 빙빙 돌았다.

사실 그 분들은 아줌마라고 부르기엔 좀 나이가 드신 할머니지만 난 아줌마라고 부른다. 강남 롯데 백화점 앞 번화한

길 도로변 노점상 할머니들에게 나는 14년이 넘는 단골 고객이기도 하다.

"일찍 나오셨네요. 아줌마."

이렇게 말하면서 인사하고 지낸 시간이 참 긴 이웃사촌이다. 몇 년 전 어느 날인가는 아줌마가 자신의 파란만장한 과거사 이야기를 거르지 않고 하셨다.

"아, 그러세요? 힘드셨겠네요."

이렇게 맞장구를 치며 쪼그리고 앉아 들은 적도 있다. 또 어떤 날은 장사가 안 되었다며 지나가면서 눈인사를 하는 나에게 떨이를 해달라고 하기도 했다. 꼭 필요치도 않지만 거절하지 못하고 사가지고 와서 미쳐 해 먹지 못하고 상해 버리는 적도 있다. 어쩌다 볼 일이 있어 아침 일찍 지나가다 보면, 언제나 맨 먼저 나와 장사하는 분은 박 할머니이다. 그 분을 보며 참 부지런하시고, 그 연세에 건강도 대단하다는 생각이 들었다.

겨울 해가 짧아 어둑해지는 저녁, 물건을 다 못 팔아 비닐을 방패삼아 웅크리고 거리에 계신 그 할머니를 보면 사는 게 녹녹치 않다는 생각에 가슴이 싸했다. 할머니 연세는 85세인데, 딸 하나 아들 하나를 두었단다. 술독에 빠져 살던 남편이 죽어 꽃 같은 나이 27세에 청상과부가 되었단다. 재가도 하지 않고 자식 둘 키우며 죽어라 살았는데도 아직 길 위에 앉아 있다고 했다. 하나 있는 딸년은 지지리 궁상을 떨어가며 살고 있고, 아들 녀석은 그나마 몇 푼 모아 놓으면 사업 한답시고 가져다가 다 까먹는단다. 아들이 성실하지도 않고 아직도 정신 못 차리고 다닌다면서, '남편 복이 없는 년은 자식복도 없다'며 원수가 따로 없다고 신세 한탄을 하였다.

그리고 아버지가 지어준 이름이 '쌍녀'인데, 욕 같은 이름이 너무 싫었단다. 어릴 때부터 정말 창피하고 싫었는데 자기 팔자가 이름 때문이 아닌가 싶어 몇 년 전에 종순으로 바꿨다고 했다.

"종순이가 얼마나 좋아?"

이렇게 말하면서 나에게 동의를 구하던 할머니는 아주 흡족하신 듯 얼굴에 작은 미소가 비쳤다. 마음속으로는 종순이가 그렇게 좋은 이름 같지는 않은데 하고 생각했지만, 난 그 덕분에 할머니 이름을 오래 기억하게 되었다.

할머니의 사연을 듣고 나서는, 뭔가를 서로 공유하고 있다는 밀착감이 들었다. 오가다가 변변치 않은 도시락으로 요기하는 그 할머니를 보면서 마음이 불편해서 못 본 척 하며 고개를 돌리고 지나치기도 했다. 손은 매일 다듬는 야채물이 들어 꺼멓고 나무토막처럼 갈라져서 투박하지만, 늘 한결같이 그 자리에서 씩씩하게 장사를 하고 계시는 할머니가 한편으로 참 존경스럽기도 하다. 그 분이 겪었던 엄마 세대의 아픈 삶이 남의 일처럼 느껴지지 않았기 때문이다.

종순 할머니 옆에는 볼 살이 늘어지고 검버섯이 많아 심술궂게 보이는 무뚝뚝한 할머니가 계절을 가리지 않고 가래떡을 팔고 계셨다.

"떡 사요."

하는 말투가 어찌나 퉁명스러운지 마치 시비를 붙는 말투와 웃음기 없는 표정에 마음이 안가는 할머니였다. 그렇지만 안보이면 궁금해져 마치 기억의 중독자가 된 양 두리번거리며 나도 모르게 할머니를 찾게 된다. 할머니는 자리를 약간씩 옮겨 다니며 앉아 계셨다. 건널목 이쪽저쪽으로. 가래떡 한 양푼을 팔러 나온다기보다 습관적으로 길에 나와 계신 것 같던 할머니는 가끔 종순 할머니의 고구마 껍질을 까주기도 했다.

종순 할머니 말에 따르면, 저 할머니는 궁핍하지는 않고 자식들이 못하게 말려도 저렇게 나온다고 했다. 작년 겨울에는 안보여서 돌아가셨나 생각했었는데, 봄이 되니 넘어지셨는지 상처투성이인 얼굴로 백화점 안 의자에 우두커니 앉아 계시더니 요즘은 통 안 보이신다.

또 그 할머니 옆엔 아흔 살 하얀 머리의 멋쟁이 할머니가 길에 옷을 걸어 놓고 팔고 있다. 파는 옷이 몸배바지나 이런 것이 아니고 젊은 느낌의 옷인데, 센스와 안목이 있으신지 유행하는 옷을 저렴하게 잘 골라와서 파신다. 어느 해인가 나도 그 할머니에게 까만 블라우스를 산 적이 있다.

"할머니 젊어서 패션일 하셨어요? 아주 멋쟁이세요."

보통 그런 내 물음에 보통 할머니들을 줄줄이 내장을 다 드러내듯 속말을 한다. 그런데 그 할머니는 내 말에 대답없이 그저 자기 자랑만을 줄줄이 늘어놓으신다. 자기는 일본에서 태어났으며, 자기 딸은 교사였는데 캐나다로 이민을 가서 살고 있고, 외손녀딸은 유명한 피아니스트라고 인터넷으로 찾아보라며 자랑이 대단하시다. 누구의 인생에도 있을 수밖에 없는 어려웠던 과거는 이야기 하지 않으신다.

집에 있으면 우울증에 치매 밖에 더 걸리겠냐며, 이렇게 나와 사람 구경도 하고, 돈도 벌고 하니 얼마나 좋으냐고 한다. 그러면서 노인들이 자기관리도 안하고 궁상 떨면서, 노인 대접 받기만을 원하는 사람은 질색이란다. 그리고 자기는 죽는 날까지 장사를 할 것이고, 건강관리를 위해 먹는 것은 제일 좋은 것을 사서 먹는다며 방송에서 뭐가 좋다 뭐가 좋다 한 것을 다 꿰고 계셨다.

어느 날 과일 가게에서 그 할머니를 만났는데 정말 제일 크고 빛깔 좋은 복숭아를 고르고 계셨다. 보통 할머니들처럼 떨이나 허름하고 싼 물건을 사는 모습하고는 참 다르게 보여서 예사롭지 않은 할머니라는 생각도 들었다. 그때 다시 보니 할머니 얼굴에는 뭔지 모를 자부심과 당당함까지도 배어 있었다.

다른 할머니들은 다 혼자 살고 계신데, 작년에 새로운 분이 합류하셨다. 할머니들보다는 아래 연배인 듯 보이는 노부부로, 할머니 할아버지 두 분이 함께 장사를 한다. 자리도 많이 차지하고 각종 야채와 과일들을 종류와 양도 훨씬 많이 진열해 놓고 팔고 있어서 둘의 힘이 느껴진다. 할머니가 할아버지에게 이런 저런 일을 시키면 할아버지는 군말없이 할머니

말대로 따르신다. 야채 다듬기와 마늘과 더덕을 까는 일은 늘 할아버지 몫이다. 무엇을 하든 짝이 있는 것과 없는 것이 너무 다르다는 것을 느끼며 그곳을 지나다닌다.

그 분들은 자기 물건을 열심히 팔기도 하지만, 옆 사람을 시기 질투하지 않고 서로 챙기기도 하는 것 같다. 작은 상권에서 경쟁도 하며 옥수수 반 토막도 나눠드시는 그 분들의 모습이 참 좋다. 인생사 무슨 사연이 없으랴만 나이 드신 분들의 삶의 현장이 소박하고 진솔해서 가슴이 찡하기도 하지만 참 아름답기도 하다.

청년 실업 뉴스를 보니 할머니들의 모습이 떠오른다. 건강하게 오래도록 그 자리에서 우리의 소박한 이웃으로 계시기를 기도해본다. 그리고 내년 어버이날에는 박종순 할머니에게도 빨간 카네이션이 배달되어 하루 쯤 그 자리에 안 계시길 바래본다. ♣

욕설의 미학

"개-새끼. 도로 혼자 전세 냈나?"

용수철처럼 튀어나오는 말에 차에 타고 있던 네 사람은 일순 숨이 낮아졌다. 라벨의 볼레로 크레센도를 능가하는 높은 소리이다. 어지간히 놀란 상황이긴 했지만, 기습적인 언어구사에 술기운이 오르듯 몸이 후끈거린다. 한편으론 불편하지만 꽤 친숙한 욕설이다.

"큰일 날 뻔 했네요. 저 사람, 왜 저런데?"

어색함을 무마하려고 옆에 있는 친구가 말을 거든다.

"그러게요. 개념 없이 운전하는 사람 많다니까요."

나도 한 마디 거든다. 그러면서 예전에 안 그랬을까마는, 덧붙여 방어막을 친다.

"아니 근데, 당신 요즘 욕 잘하네. 예전엔 안 그러더니…"

"저런 인간은 욕먹어도 싸지. 내가 방어운전 못했어 봐라. 인사 사고다 인사사고…"

글쎄, 어쨌든 친구 부부 앞에서 남편의 고상치 못한 일면이 무방비로 노출된 거 같아 남편이 원색적인 언어를 구사한

게 생소하다는 듯이 말하긴 했다. 그렇지만 운전 중 거친 말을 한 것은 분명하고, 남편의 그런 모습이 싫다. 그렇다고 나는 운전 중에 욕을 안 하느냐 하면 그건 아니다. 충분히 거리 확보를 하고 차선을 바꾸려는데 '빠아앙' 고막이 터져라 클락션을 울리며 덤빌 듯 달려오는 트럭을 보면 운전자는 팔 한쪽을 창밖에 내놓고 손엔 담배까지 들려있다. 마치, 난폭함을 즐기는 무법자 마냥 힐끗 거리며, 승리자라도 된 것처럼 무신경하게 지나가는 그런 운전자를 보면 저절로 욕이 나온다.

"아이 깜짝야, X놈의 새끼."

그래놓고도 쿵 내려앉은 놀란 가슴은 분이 안 풀려서 한마디 덧붙인다.

"그래 새꺄, 너 잘났다. 평생 트럭 운전이나 해먹어라."

이미 멀리 가버려 꽁무니만 보이는데 거기에 대고 욕을 하는 것이다.

"지혜 아빠, 욕 안 하시죠?"

조금 민망한 기분에 친구 남편에게 묻는다.

"운전하며 욕 안 하는 사람 있어요? 아마 예수님도 욕할 걸요."

내 말에 대답을 하면서 덧붙인다.

"운전은 생명과 관계된 가장 민감한 사안인데요, 사람들이 너무 무신경하게 난폭 운전을 하잖아요."

그러면서 자기 부부가 운전하던 중에 싸운 얘기를 했다.

얼마 전 교회를 가던 중 상대방 차가 신호도 없이 급하게 끼어들어서 그 차와 충돌할 뻔한 일이 있었단다. 그런 상황에서 남편이 욕을 하자 친구가 '욕하면서 교회는 왜 가?' 하고 말했단다. 그러자 '아니 그럼, 이 상황에 저분께서 왜 저러시냐?'고 높임말을 써야 하느냐며 소리를 질러서 결국 싸움으로 번졌다는 얘기를 했다.

그 후로 친구는 남편이 운전하다가 화가 날 상황이 되면, 남편이 욕하기 전에 친구가 먼저 된 발음으로 'X놈의 새끼'를 연발하였단다. 그러니까 남편이 '당신 왜 그래?'하면서 욕을 하지 않더란다. 그런데 그렇게 욕을 하고보니, 묘한 카타르시스가 느껴지기도 하더란다. 요즘은 여성 운전자들이 막무가내로 끼어들고 양보도 하지 않아서 더 무섭다며 공격의 화살이 운전하는 여자들에게로 돌려졌다.

80년대 초, 내가 처음 운전을 했을 땐 남자들이 참 친절했다. 익숙치 않은 운전 실력이라 골목에서 다른 차와 마주쳤을 때 뒤로 못 간다고 수신호만 해도 양보도 잘 해주었다. 때로는 내려서 운전도 대신 해주던 착한 남자 운전사도 있었다. 그런데 여성 운전자가 많아지면서 달라지기 시작했다. 길에서 여성 운전자가 초보운전 표지를 붙이고 버벅거리면 고약한 일부 남자 운전자들은 창문을 내리고 '아줌마 집에 가 밥이나 해' 하고 비아냥거렸다. 그러면 '밥 해 놓고 냄비도 닦아 놓고 나왔다'하고 맞받아치던 시절도 있었다. 그런데 이제는 여자들이 더 난폭하게 운전을 한다니, 참 격세지감을 느낀다.

요새 여자들이 모든 분야에서 두각을 나타내는 건 바지를 즐겨 입기 시작한 후에 나타난 현상은 아닌지 하는 생각이 문득 든다. 남자들도 예비군복을 입으면 묘한 군중심리에 편승하여, 사회에서 지닌 신분에 상관없이, 말을 함부로 하거나 아무데나 실례를 한다는 말을 들은 적이 있다. 그래도 남편은 운전하다가 놀라서 수시로 욕이 튀어 나오지만, 여유있고 고상한 사람이었으면 하고 바라는 내 마음은 참 이율배반적이다. 나도 본의 아니게 다른 운전자를 놀래킨 적이 적잖게 있었으리라.

그동안 남편이 운전하다가 욕을 하면 못마땅해 하면서도 모른 척 침묵했는데, 이제라도 역성을 들어주는 척 하며 작전을 바꿔볼까 하는 생각도 든다. 우리나라 운전자들이 거리에 쏟아내는 욕과 거친 언어들을 다 달면 몇 킬로그램이나 될까. 이런 엉뚱한 생각을 하는 사이에 우리가 탄 차는 예술의 전당에 도착했다.

"안녕하세요?"

아는 사람들을 만나 서로 인사를 나눈다. 톤을 낮춘 목소리는 더 이상 상스럽지가 않다. ♣

불량한 이웃

"쿵쿵 드르륵 쿵쿵 드륵드륵"

또 힘든 하루가 시작되나 보다. 이른 아침부터 윗집은 살아 있다는 강한 신호를 보내고 있다. 아파트에 산지 30여년이 지났지만 요즘처럼 이웃 때문에 고통을 받은 적은 없었다. 연일 층간소음으로 살인사건이 보도되곤 했어도, 그동안 남의 일로 치부하고 귀에 담지 않았었고 그 고통도 이해하지 못했다. 이곳 아파트에 입주해서 7년을 살았어도 인터폰 한 번 하거나 받은 적이 없었는데, 작년 1월에 윗집에 새로운 사람이 이사 오면서부터 우리집도 악몽 같은 나날이 시작되었다.

새로 이사 온 집주인은 골조만 남기고 바닥과 화장실 타일, 그리고 문짝까지 다 떼어내면서 30여일 동안 공사를 해댔다. 윗집에서 공사를 하기 전에 앞집에서도 그와 비슷하게 한 달여 동안 공사를 했었다. 물론 그 때는 주민 동의서에 나도 동의를 해주었다. 앞집은 공사로 인해 여러 가지 피해를 줘 죄송하다면서 포도주스 2병을 가져왔었다. 시끄럽긴 했지만 별 도리가 없이 빨리 끝나기만을 기다리는 수밖에 없었다. 또 그 무렵에 친정 엄마와 친정 아버지를 한 달 간격으로 하늘에 떠나보내는 상황이어서 어느 누구에게도 무슨 말을 할 수도 없고 하고 싶지도 않아서 그저 죄인된 심정으로 침묵하며 보냈었다.

그런데 앞집 공사가 끝나자마자 윗집에서 아무런 말도 없이 굉장한 소음을 내며 공사를 하기 시작한 것이다. 이 소음이란 것도 겪어보니 옆에서 나는 소리와 위에서 나는 소리는 천지 차이였다. 윗집에서 쿵쿵 내리치는 울림은 내 머리를 두드리는 징 위에 놓고 있는 듯 했다. 내 모든 신경계를 교란하는 듯 울려대는 파장이 두통과 더불어 불안과 분노심을 솟구치게 만든다. 도무지 집에 있을 수가 없어 결국 소음을 피해 날마다 아침이면 일도 없이 밖으로 나돌다가 저녁에서야 들어왔다.

얼마 되지 않아 얼마나 요란하게 공사를 했는지 우리집 부엌 등갓이 떨어져 내렸고, 집안 전기마저 나가서 정전이 되었다. 관리실에 문의하니 전기가 나간 것은 우리집 화장실 스위치가 문제가 있어서 누전이 되어 그렇다는 것이다. 오래전 시공한 집이라서 스위치를 바꾸기 위해 온 동네를 다 수소문해서 어렵게 스위치를 구해 바꿔 끼워도 계속 차단기가 내려가고 정전이 되었다. 우리 네 식구는 캄캄한 화장실 하나를 두고 아침마다 전쟁을 해야만 했다. 이처럼 계속되는 소음과 막무가내식 공사에 불편한 생활이 계속되면서 짜증과 화가 솟구치는 데도 윗집 주인은 누군지 얼굴 한 번 보이지 않았다.

우리의 항의를 받은 관리실에서 구체적인 조사를 하고 난 뒤에야 윗집에서 화장실 공사를 하던 중 바닥을 너무 깊게 파내는 바람에 우리집 화장실 전선 피복이 벗겨져서 누전이 되었다는 것이 드러났다. 그런데도 공사하는 젊은 총각만 삐쭉 와서는 설날 전이이서 공사인부가 다른 현장에 있기 때문에 설을 보내고 나서야 고쳐 주겠다고 했다. 미안하고 죄송하다고 하면서 바로 고쳐주어도 시원찮은 마당에, 우리 보고 전기도 들어오지 않는 집에서 며칠을 지내라니 뭘 믿고 하는 행동인지 어이가 없었다. 참 기가 막히고 어처구니가 없어서 나는 법적으로 손해배상을 청구하겠다고 따지듯이 말했다. 그때서야 인부를 수배해서 설날 전에 고쳐주겠다고 마지못한 듯 말했다.

그런 소동 끝에 임시 마무리로 전깃줄을 이어 불이 들어왔지만 기분은 매우 좋지 않았다. 나는 공사하는 책임자에게 누전은 그냥 참았지만 앞으로 누수까지 된다면 그 때는 배상을 청구할 것이라며 방수공사는 확실하게 잘 하라고 못을 박았다. 그렇게 시도 때도 없이 꿍꽝대던 날이 계속되더니 끝날 무렵엔 새벽 1시까지 뚝딱 거리는 것이다. 하루는 참고 말았는데 다음날에도 새벽 1시에 또 공사를 하고 있는 것이다. 입주날짜에 맞추기 위해서인지 인테리어 업자가 새벽까지 계속 쿵쾅거리며 공사를 한 것이다. 너무 화가 나서 윗집 공사하는 곳에 가서 ‘아니, 당신들은 사람이 그렇게 우습게 보이냐? 당신들 조폭이냐?’ 하면서 격분해서 소리쳤다. 그리곤 한바탕 소동이 일어나자 나타난 경비실 사람에게 ‘당신들도 여기서 돈 받았느냐? 도대체 이 새벽에 공사를 해도 되느냐?’ 고 소리치면서 애꿎게 경비실 아저씨까지 싸잡아서 다그쳤다.

아침이 되어 그간 일어난 일을 보고 받았는지 나이 지긋한 소장님이 우리집을 올라오셨다. 아무 죄도 없는 처음 본 관리소장님께 화를 내면서 ‘도대체 어떤 사람이 오느냐?’ 고 물었더니 젊은 엄마라며, 소장님은 연신 사과를 했다. 관리소장님에게 어떤 말을 들었는지 모르지만, 그 다음날 집주인인 젊은 여자가 딸기 한 팩을 사들고 찾아왔다. 공사를 시작한지 30일 만에 처음으로 우리 집을 찾아온 것이다. 그래도 찾아 온 사람을 박절하게 대할 수는 없어 쇼파에 앉으라고 하니 ‘너무 미안해서 소파에 못 앉고 거실바닥에 앉겠다’ 는 것이다. 젊은 여자의 엉뚱한 행동에 난 정작 제대로 따지지도 못하고 멍청스레 ‘앞으로 잘 지내자’ 며 여자를 돌려보냈다. 그런데 윗집 여자의 본 모습은 이사를 온 후에 바로 드러나기 시작했다.

이사 오는 날에 드디어 우려하던 일이 또 벌어지고 만 것이다. 우리집 화장실 천장으로 물이 줄줄 흘러내리고, 또 다시 전기가 나간 것이다. 흘러내린 시멘트 물로 세면대와 욕조는 누렇게 얼룩이 졌다. 난감한 이 상황에도 그 여자는 사과

한 마디도 없었고 아예 나타나지도 않았다. 날벼락도 이런 날벼락이 없었다. 지난번에는 누전으로 인해 고생을 시키더니, 이번에는 누수로 인해 며칠동안 화장실을 제대로 사용하지 못하고 화장실 전쟁을 벌이며 지냈다.

윗집으로 인한 고난이 그것만으로 끝난 것이 아니었다. 윗집이 새로 이사 온 다음날부터 층간소음으로 새롭게 고통받기 시작한 것이다. 초등학교 2학년 3학년인 윗집 두 아이들은 시도 때도 없이 망둥이처럼 거실을 뛰어다녔고, 책걸상을 끌고 다니거나 딱지치기를 하면서 새벽부터 밤늦게까지 자기들의 행동을 중계방송 하듯이 우리에게 낱낱이 알려주기 시작한 것이다.

요즘 젊은 엄마들은 넓은 거실을 아이들 공부방과 놀이공간으로 꾸민다고 했다. 윗집 거실에서 여러 아이들이 뛰어다닐 때면 우리집 거실 등이 흔들거리면서 내 심장마저 두근두근 거리고 불안감에 머리가 주뼛주뼛해진다. 아마도 아이들이 전학을 온 탓에 친구를 만들어 주고 싶어서 아이들 친구들을 집으로 자주 부르는 것 같았다. 아이들이 뛰놀 때마다 조용해지기를 기다리지만 그치지 않으면 몇 번 망설이다가 어렵사리 인터폰을 한다. 그런데도 막무가내로 계속 뛰어노는 소리가 나는 걸 보면 42살이 되었다는 그 젊은 엄마가 하는 행동은 보통내기가 아니라는 생각이 든다. 어느 집이나 그런 요청을 받으면 잠시나마 미안함에 쥐죽은 듯 조용해지지만, 전혀 반응이 없는 윗집을 보면 '너는 그래라 나는 내식대로 한다' 이다. 다섯이나 여섯 명의 아이들이 우르르 이리 뛰고 저리 뛰어다니니 그 소음을 참고 견디다 못해서 다시 인터폰을 하면 아이들 친구들을 조금만 더 놀다 보내겠다고 했다. 그래도 초등학교 2학년과 3학년 아이들이 거실에서 고무줄놀이까지 하면서 노는 것까지 부모로서 아무런 제지를 하지 않는다니 참으로 어이가 없다.

하루는 초등학교 2학년 여자아이를 승강기 안에서 만났다. 그동안의 일로 화가 나는 마음을 억누르며 말했다.

"너희가 위에서 벙벙 뛰면 아줌마 집 거실등이 흔들리고, 그 소음에 아줌마 식구들은 머리가 아프고 화가 많이 나거든. 너는 똑똑하니까 잘 알지? 요즘 방송에 많이 나오는 거 봤지?"

"알아요. 근데 전에 제가 2층에 살았는데 제가 아무리 뛰어놀아도 누구도 제재하지 않아서 습관이 되었나 봐요. 호호."

자기 합리화에 능숙한 그 아이에게 친절하게 거실에서 뛰어 놀지 말라고 부탁을 하긴 했지만, 그 후에도 그런 상황은 조금도 변하지 않았다. 나는 매번 인터폰을 할 수도 없고 해서 아예 공지사항으로 방송을 하면 나아지지 않을까 해서 경비실로 갔다. 경비실에 가서 내 말을 전하니 경비실 아저씨가 '힘드시겠어요?' 하면서 며칠 전에 그 꼬마가 경비실로 내려와서 말하더란다.

"아저씨, 아랫집 아줌마가 3번 인터폰을 하면 자기네 집에는 1번만 하세요."

"그럼, 그 아줌마가 화가 나서 너희 집에 쫓아 가실 텐데…"

그렇게 말을 하니까,

"그럼, 하든지요."

하고 말했다면서 경비실 아저씨도 고개를 흔드신다. 아이가 똑똑하다는 생각보다는 왠지 소름이 돋아났다. 천정을 울리는 파장이 강할 때마다 심장이 두근거리고 몇 분동안이나 심한 진동이 계속되면 몽둥이로 휘젓고 싶은 충동까지 일어난다. 얼마 전 신문에서 보았지만, 다세대집 주인 아저씨가 층간소음으로 인해 얼마나 화가 났으면 자기 집에 불을 질렀을까? 아마도 당해보지 않은 사람은 그 고통이 얼마나 괴로운지 잘 모를 것이다.

평온하던 우리집은 윗집이 이사 온 후부터 층간소음으로 인해 소음의 지옥에 시달리고 있다. 어린 아이도 아니고 초등학교 2학년이나 3학년이면 거실이 뛰어노는 장소가 아니라는 걸 알 수 있는 나이이다. 아니, 근본적으로는 애들 문제가 아니라 이를 제지하지 않는 엄마가 더 문제라고 본다. 내가 인터폰을 하면 그 자리에서 바로 아이들에게 '거봐. 아랫집에서 인터폰 했잖아.' 하면서 아무런 죄의식이 없이 마치 인터폰을 한 내가 잘못한 것처럼 자기 아이들에게 말하는 것이다. 그 여자가 하는 말을 인터폰으로 듣고 있으면 기가 막힌다. 자녀들에게 기본적인 예의와 이웃에 대한 배려를 가르치지 않으면서 어떻게 올바른 사람이 되라고 아이에게 말을 할 수 있는지 궁금하기만 하다.

윗집 젊은 엄마에게 그동안 차마 하지 못한 채 그저 입안에서 웅얼거리던 말을 속으로나마 해본다.

'그대 거실 바닥이 아랫집에는 천장으로, 서로 공유하는 곳이라는 사실을 인식 좀 하면서 사세요. 좋은 이웃은 못될 망정 살인의 충동이 일어날 만큼 아프게 괴롭히는 불량한 이웃은 되지 맙시다. 제발 부탁해요. 나도 내 집에서 행복하게 살고 싶다고요.' ♣

어떤 풍경

"아이고 사모님, 벤스 타고 화장실 못 간대요."

"네?"

나는 순간 그 말이 무슨 뜻인 줄 몰라 의아해했다. 그 락카룸 직원 아주머니는 어벙벙하게 서 있는 나를 향해 한 말씀을 더하신다.

"회원님들이 그러시더라고요. 아파서 못 움직이니 벤스가 있어도 화장실 출입도 못한다고. 다 필요 없대요. 왜 그렇게 뜨문뜨문 오세요? 다들 얼마나 열심히 운동하시는데…. 연회비 아깝지 않으세요?"

"아, 예~~"

그 순간 머리를 한방 얻어맞은 듯 슬며시 창피해졌다. 게으름을 들킨 것 같고 야무지지 않은 주부 같아서 말이다. 선천적으로 운동을 좋아하지 않는 탓에 숙제를 하듯 런닝머신을 30분 하고는 다른 운동은 할 생각도 않고 짧게 샤워를 끝내고는 부리나케 빠져나오곤 했다. 요가에 에어로빅, 헬스장, 골프, 수영, 스쿼시까지 다 이용 할 수가 있었음에도 난 그 모든 시설이 나와는 상관없는 것처럼 무관심했다. 나이 드신 분들이 너무 악착스럽게 운동하는 것도 아름답게 보이지도 않았다. 뭘 저렇게까지 하면서 오래 살려고 발버둥치나 싶은 부정적인 생각이 더 많이 들었다.

그렇게만 생각하며 지냈었는데, 그 아주머니의 한 마디가 비수처럼 내 마음에 꽂히게 된 것은 아버지 어머니의 말년 삶이 순간 머리에 떠올랐기 때문이다. 자신의 의지대로 움직일 수 없어서 누군가의 도움을 받지 않고는 기본생활을 할 수 없는 노년이 이제는 강 건너 불이 아니라는 생각이 들었다. 그 아주머니의 말 한마디가 동기가 되어 일주일에 적어도 네 번은 빠지지 않고 가겠다는 결심을 하고는 전보다도 더 열심히 운동을 했다. 마음 있는 곳에 몸이 있다는 말처럼 자주 헬스장을 가게 되면서 조금씩 운동하는 재미를 느끼게 되었다. 그리고 그곳이 중년이나 노년에게는 활력의 장소가 된다는 사실을 느낄 수 있었다. 머리가 하얀 노년의 남성들이 운동기구에 매달려 운동하는 걸 보면서 장수세대의 한 단면을 엿볼 수 있었다.

번쩍거리는 초미니 에어로빅 복장은 서로 경쟁하는 듯 화려했고, 배꼽이 드러난 민망한 복장도 예사였다. 차마 민망해서 볼 수 없는 비키니 차림을 하고도 중, 노년 여인들이 당당하게 춤추는 에어로빅 방은 언제나 열기가 가득 넘쳤다. 꽝꽝거리는 음악에 맞춰 일사분란하게 안무 동작을 따라하면서 땀을 뻘뻘 흘리는 모습이 한편으론 부럽기도 하고 또 내가 저 복장을 입고 있는 상상을 하니 괜스레 쑥스럽기도 했다. 항상 유리창 너머 열기 넘치는 장면을 웃음을 머금으며 보곤 하지만, 아직까지 참여할 용기는 나지 않는다.

또 하루 종일 클럽에서 사는 사람이나, 매일 5~6시간 이상 운동한다는 운동 중독자도 있다. 그들을 보면 건강을 위해 운동을 하는 건지 아님 운동하기 위해 하루를 사는 건지 모르겠다. 물론 각자 생각이 다르겠지만, 그 모습을 보면 뭔가 지나친 것 같다는 생각을 지울 수가 없다.

일부 사람들은 떼로 몰려다니면서 샤워장을 점령하고 안하무인처럼 시끄럽게 시시덕거리곤 한다. 어떤 날은 누가 어쩌고저쩌고 흉을 보기도 하고, 드물게는 고성을 내며 패싸움을 할 때도 있다. 그런 모습을 지켜보면서, 새로운 사람을 사귀는 것이 내키지 않아 나는 한 동네에 오래 산 덕분에 알게 된 몇 분 하고만 눈인사를 하고 만다. 사람 사는 곳에 무슨 일이 없을까만 벗어서 화려하지 않은 나이의 여인들이 너무나 당당하게 행동하는 모습에는 거부감이 일어나기도 한다.

하루는, 샤워장에 사람은 별로 없는데 수도꼭지마다 샤워 수건이 걸려 있었다. 이리저리 자리를 찾다가 할 수 없이 빈 의자에 앉아 머리를 감기 시작하였다. 그런데 얼마 안되어 아줌마 한 분이 옆에 와서 자기가 맡아놓은 자리이니 비키라는 것이 아닌가? 한 시간 전에 샤워 수건을 걸어두고 운동에 들어갔다는 것이다. 별 도리 없이 자리를 비켜주면서도 기분은 영 좋지 않았다. 생각할수록 참 어이가 없고 웃음만 나왔다.

그 순간 얼마 전에 친구가 해준 우스갯소리가 떠올랐다. 고속도로에서 앞 차가 천천히 가니, 뒤에 가던 운전자가 앞질러가서 창문을 내리고 빨리 가지 뭐하냐며 성을 냈더니 천천히 가던 그 차 운전자가 유리창을 내리곤 '그렇게 급하면 어제 오지 그랬소?' 라고 말했다는 것이다. 나는 그 생각을 하며 '그렇지, 내가 어제 와서 수건을 걸었어야 했지' 하고 쓴 웃음을 짓고 말았다. 그래도 기분이 풀리자 않아서 샤워를 마치고 나오면서 프론트에 아쿠아 운동에 앞서 샤워장 사용 기본예절 교육도 해달라는 건의를 했다.

그러나 그 후로도 미리 수건을 걸어두는 행태는 개선되지 않았다. 아줌마들이 지닌 뻔뻔한 무신경 때문인지 아님 이미 암묵적으로 타성이 규칙으로 변해버렸는지 여전히 예전 모습처럼 수도꼭지에 미리 수건을 걸어두면서 자리를 맡아 놓는다.

또 '수건은 2장 이하로 써주세요. 탕 안에 수건을 들고 가지 마세요' 라고 탕 입구에 분명 한글로 써 있어도, 수건을 지나치게 마구 써대는 사람이 있다. 먼저 수건을 갖고 들어와 사우나 바닥에 깔고 앉았다가 휙 던지고는 샤워를 하고 나와서는 수건을 계속해서 뽑아서 쓴다. 수건으로 세면 바구니를 닦고, 수영복도 수건에 짜고 하면서 3-4장 이상 수건을 쓴다. 꼭 필요한 만큼만 쓰면 좋을 텐데도 그런 사람에게 물과 세재의 낭비 그리고 환경을 파괴한다는 생각은 아예 없는 듯하다. 물끄러미 그런 사람을 바라보다가 ‘저 사람은 자기 집에서 샤워를 할 때도 저렇게 수건을 많이 쓸까?’ 하는 생각에 못마땅한 마음이 든다. 또 자기 도치에 빠진 것인지 벌거벗은 채 라커룸을 온통 휘젓고 다니면서 수다를 떠는 사람들도 있고, 파우더 룸에 미장원을 차렸는지 온 머리에 찍찍이를 붙이고 수다 삼매경에 빠져서 자리를 비켜주지 않는 사람들도 있다.

이 모두가 아름답지 않은 풍경이다. 나이는 무기가 아닌데도 몇몇 사람들은 안하무인으로 행동하면서 많은 사람들을 불쾌하게 만든다. 대부분의 사람들은 품격이 있고 품위가 있기 때문에 그런 행동을 하지 않는다. 결국 품위는 누가 뭐라고 해서 나타나는 것이 아니라 그 사람의 자존심이 아닐까. ♣

시대유감

우리나라 국민의 평균수명이 여자는 83세 남자는 79세로, 경제협력개발기구(OECD)에 소속된 국가 중 상위에 속할 뿐만 아니라 이 중 최장수국인 일본과 비교해 불과 2-3년 정도의 차이밖에 나지 않는다. 그러나 이런 현재의 사실보다 더 놀라운 것은 10년 정도 후의 우리나라 국민의 예상수명이 90에서 120세에 이를 것이라고 하는 점이다. 물론 누구나 오래 살고 싶은 것은 너나 없는 소망인 만큼 이는 분명 고무적인 일이 아닐 수가 없다. 오죽 했으면 옛날 중국의 진시황 같은 이는 사람을 풀어 먼 곳인 봉래나 영주 즉, 금강산이나 한라산까지 보내 불로초를 구해오게 시켰었겠는가. 건강만 유지할 수 있다면 천년을 산다고 해도 마다할 일이 아닐 것이다.

우리나라의 경우도 이전 임진왜란 때의 백성들 평균수명이 불과 40세도 되지 못했으나 어려운 고비를 수없이 넘긴 후 경제성장을 이룬 오늘에 와서는 70세가 넘어선 것이다. 이제는 너나없이 건강과 장수의 문제에 집착해서 오히려 이게 스트레스의 원인이 될 정도다. 방송마다 건강과 장수에 대한 정보도 넘쳐나는데, 오래 살기 위해서는 항산화 수치가 높은 식품을 많이 섭취하고, 저밀도 지방 단백질(LDL) 수치가 낮은 대신 고밀도 리포 단백질(HDL)은 높아야 하고, 유방암 예방엔 사과가 좋고, 뇌기능향상엔 고등어, 혈전제거를 위해서는 청국장이 좋으며, 노화와 비만 예방을 위해선 현미, 브로콜리, 토마토, 불렉베리, 검은콩을 먹어야 한다고 한다.

이제는 건강과 장수, 그리고 섭생과 먹거리의 단계를 넘어 장기 이식에까지 관심을 두면서 배아세포나 줄기세포가 산업화하는 시대에 살고 있다. 젊고 건강하고 아름답게 살고픈 누구나의 꿈 때문인지 요즘은 방송국마다 동안선발대회나 나이 알아맞히기 프로가 유행이다. 믿기지 않을 만큼 젊어 보이는 또래 중년여성을 보면 너무 부럽고 내 관리를 못한 것 같아 속상할 때도 있다. 여자는 49살로 3년을 산다는 말이 있다. 한국 나이49세, 만 나이로 49세, 아직은 음력생일이 지나지 않아 49세 이렇게 3년을 산다고 한다.

가까운 친구 하나도 손녀까지 있는데, '할머니'란 호칭엔 질색의 표정을 짓는다. 이십여 년 전만 해도 남편 친구들은 자기가 호적이 잘못돼 그렇지 '형'이라 우기며 말했다.

"제수씨, 이거 맛있네요. 이것 좀 더 주세요."

그러면 남편은 다음과 같이 말하면서 핀찬을 주곤 했다.

"무슨 제수씨, 얌마 형수지. 형수님이라 불러."

한 살이라도 나이가 많음을 내세워 대접받고 싶어했던 이십여년 전에 비하면 요즘 나타나는 현상은 격세지감을 느끼게 한다. 길어진 수명의 반사회적 현상인지 모르지만, 언제부턴가 나이 듦을 숨기고픈 마음이 숫자로 변하기 시작했다. 능력에 상관없이 50대에 직장에서 추방당하는 시대의 아픔 때문일까.

퇴직을 하고나서도 30여 년을 더 살아야 하는 나이든 '청춘들'이 주변에는 많다. 길어진 수명에 비례해서 경제활동의 공백은 길어지고, 일자리 없는 중년의 박탈감은 심해져가고 있다. 사실 이것은 우리 사회의 안타까운 아픔이며 인적 손실이기도 하다. 그런데 한 술 더 떠서 이태백, 사오정, 오륙도가 유행어로 회자되는 어려운 시대의 현실 때문인지, '늙어 보인다'는 것에 아주 방어적으로 민감해져 중년남자의 성형도 낯설지 않아지고 있다.

처신이 가벼운 분이 아닌 65세 남자분이 처진 눈을 쌍꺼풀 수술하고, 얼굴 검버섯을 레이저로 지지고, 대머리에 지붕개량까지 하여 10년은 젊게 하고 모임에 나왔다. 우리는 모두 놀라서 "오빠 오빠" 하고 톤을 높여 과장스럽게 말을 하면서, 그 용기에 찬사를 보냈다.

그 분은 대통령도 현직에 있을 때, 쌍꺼풀수술을 하지 않았냐며 약간 겸연쩍은 변명을 하긴 했지만, 자신감도 생기고 사는 맛이 난다고 신나 하면서 맘가짐까지 달라졌다고 했다. 젊음은 누구나 갖고픈 소중한 보물이고 무기임이 분명한 듯 싶다.

집에 들어오니 선인장 꽃이 진홍빛을 띠고 살그머니 혀를 내밀었다. 난 호들갑을 떨며 딸애를 불렀다.

"사막의 공주님이 우리 집으로 시집 왔어!"

"뭐라고?"

"선인장 꽃 폈다고, 꽃 폈어… 빨리 와 봐."

"봄이니 폈겠지."

그렇게 말하면서 시답지 않게 다가왔다.

"예쁘네!"

그냥 한 마디 하며 돌아서 간다.

"기집애, 멋없기는…"

난 혼자 중얼거리며 베란다에서 거실로 자리를 등급시켰다. 그리고 친구한테 요즘 애들 왜 그러니 하며 딸과 있었던 일을 얘기했더니 애들한테 봄에 꽃이 피는 게 당연한데 뭘 놀랄 일이겠느냐며, 꽃 볼 날이 많지 않은 우리에게나 감동이 아니겠냐고 했다. 그러고 보니 젊었을 때 꽃이 아름답다고는 느꼈지만, 해마다 봄은 오는 거고 봄이 오면 당연히 꽃은 피는 거라고 생각했다는 사실이 생각났다. 젊음의 치기였을까. 그때 나도 감동과 연민까진 느끼지 않았던 것 같다.

얼마 전 나는 친구와 창경궁으로 꽃놀이를 다녀왔다. 친구는 꽃놀이 다니는 것이 나이가 들었다는 증거란다.

"아이 참 이쁘지? 스무 살의 꿈처럼 눈부시다, 그치?"

"금방 저 이쁜 꽃이 지겠지."

주변을 둘러보니 꽃놀이 온 대부분의 사람들은 중년이었

다. 꽃이 이쁘고, 꽃 지는 것이 안타까운 것은 시간을 붙잡고 픈 아쉬움 때문이리라.

눈이 시도록 꽃구경을 하고나서 밥을 먹고 바로 전철을 탔다. 몸이 나른하고 다리도 아파 친구와 사람들 눈치를 보며 망설이다가 경로석에 앉았다. 사람들이 우리를 경로석에 앉아도 될 만큼 늙게 보기를 바라며 말이다. 이 무슨 아이러니 이의 이중성인지 모르겠다. 몇 정거장을 지나지 않았을 때 중년 아니, 노년으로 뵈는 남자분이 앞으로 다가오는 게 보였다. 우리는 반사적으로 일어섰다. 그런데 이 무슨 낭패인가.

"아줌마, 아줌마 눈엔 내가 그렇게 늙어 보여요? 아줌마가 더 나이든 거 같구만."

그 남자분은 갑자기 화난 목소리로 소리를 지르는 게 아닌가. 뭐 주고 뺨 맞는다고 우리는 감정수습이 안 됐다. 얼굴은 열이 오르고 난감해 있다가 당황한 친구가 말을 더듬거리며 말했다.

"아아, 아네요. 우리 다 다음역에 내려서요."

그리고는 순발력 있게 내 손을 잡아 끌고 잠실역에서 내렸다. 우리는 몇 정거장을 더 가서 내려야 했지만, 난감한 김에 일찍 내린 것이다.

"야, 거봐. 우리가 주제파악도 못하고 자리양보해서 당하잖아."

"너 살 빼. 처진 눈도 당기고, 보톡스도 맞고… 그 아저씨 화내지 않을 만큼 젊어보이게 말야."

자리를 양보한 게 그렇게 화날 일인가. 갑자기 그 남자가 괘씸했다.

"그 아저씨, 아마 불이익을 당한 아픔이 있나보다."

"앞으로 다리 아파도 절대 경로석에 앉지 마, 알았지?"

이렇게 우리는 서로를 바라보면서 한참을 낄낄대고 수다를 떨었다. 어쩌면 서로 상대보다 자신이 더 젊다고 생각했기 때문에 충돌한 것이리라. 친구는 자기 신랑도 얼마 전, 집에 와서 씁쓰레하게 말하더라고 했다.

"나도 다 됐나 봐. 내가 전철을 탔더니 자리를 양보하더라고…"

우리는 오래 살아도 나이가 들어 보이면 안 되는 시대에 살고 있다. 세계경제가 불황이라서 모든 게 할인된다는데, 우리가 살아온 세월의 숫자도 30%쯤 할인해 버리면 어떨까. 전동차 몇 개를 더 보내고나서 다시 전철을 타고 집으로 돌아오면서 10년 후에, 더 늙어갔을 때의 나의 모습이 상상되지는 않았다. ♣

명절증후군

명절만 다가오면 메스컴마다 명절 증후군 이야기로 화제를 삼는다. 얼마 전 명절 증후군 새 풍속도라며, 명절에 임박하여 반 깁스를 하는 며느리들이 있다는 뉴스를 봤다. 명절에 음식을 장만하는 게 얼마나 싫었으면 멀쩡한 팔에 반 깁스까지 할까. 그 생각을 하니 참 딱하다는 생각도 들지만 왠지 뒷맛이 씁쓸하다. 명절에 시댁과 친정 문제로 다투다가 이혼하는 비율이 높아지고 있다는 명절 후 증후군 통계 보도까지 나오고 있다. 집집마다 명절 관습과 사정이 다르기 때문에 함부로 말하긴 힘들지만 며느리가 정말 견디기 힘든 경우도 있을 것이다.

그렇지만 명절을 맞이할 때마다 매스컴에서 명절 증후군이니 뭐니 하면서 지나치게 떠드는 것도 못마땅하다. 또 아무리 편리함을 추구하는 세대라지만, 일 년에 두 번 겪는 명절에 일하기가 힘들다고 하여 깁스를 하는 며느리도 이해하기 힘들긴 마찬가지이다. 물론 명절 준비를 하는 것은 어느 집이나 번거롭고 힘이 든다. 하지만 온 가족이 다 같이 모여 함께 음식을 장만하고, 집안의 가풍과 그 집만의 음식 전통을 전수한다는 것은 매우 소중하고 아름다운 풍습이 아닐까?

"엄마, 나 주부 습진에 지문이 다 달아서 이제 국제 미아가 될지도 몰라."

"뭐라고?"

"나 설거지했지, 또 뜨거운 물에 떡 반죽 치댔지, 그러니 지문이 없어져서 판독기가 내 지문을 못 읽는다고."

"아이고, 걱정하지 마셔. 수 십 년 설거지와 떡 반죽을 했어도 또랑또랑 지문만 잘 나오드만."

"아이, 엄마. 난 엄마하고 달라. 난 세자라고 세자. 왕으로 책봉될 세자. 중전이 세자 밑에 있는 거 몰라?"

"엄마가 너 세자라서 시키는 겨. 나라를 잘 다스리려면 국민의 고충도 알아야지."

"엄마, 내가 한두 번 해봐? 다 안다고요. 아이 참, 이거 아무래도 어전회의를 하던지 해야지 말야."

"제발 좀, 나도 말 많은 세자 대신 어릿어릿 고분고분한 세자빈 데리고 예쁘게 송편 빚고 싶다."

아들은 송편 반죽을 치대느라 땀을 뻘뻘 흘리면서 어김없이 주부습진에 지문 타령을 한다. 한두 번 있는 일도 아니지만, 나는 아들의 그런 투정이 밉지가 않다. 추석이 되면 힘 좋은 아들이 송편 익반죽을 해 온지는 오래되었다. 방앗간에 가서 쌀을 빻아오고, 쌀에 소금 치는 거며, 익반죽을 해야 송편 빚을 때 빚기 쉽다는 것까지 꿰뚫고 있을 정도이니 이렇게 너스레를 떠는 것이다.

요즘에는 방앗간도 점점 없어져서 방앗간을 찾는 것도 매우 힘들다. 어쩌다 방앗간을 찾아도 송편을 빚는 집이 별로 없어서인지 일정한 시간에 맞추어 가야만 쌀을 빻아준다. 다들 쉽고 편하게 송편을 사서 쓰는 집이 많아진 것이다.

명절날마다 남편은 신문지를 깔고 열심히 전을 부친다. 남편은 송편 빚는 것보다 전 부치는 걸 더 좋아한다. 꼼꼼한 성격대로 남편은 정갈하고 예쁘게 전을 부친다. 이제는 전 장사를 해도 될 만큼 능숙해져서 전 담당이 되었다. 전 부치는 일에 재미를 붙여서인지 남편은 전 부치는 가짓수를 줄이면 서운한 표정으로 더 부칠 것이 없냐고 묻기까지 한다. 앉아서 전을 부치다보면 2시간이 훌쩍 지나는데도 남편은 힘들다고 불평하지 않는다. 이것저것 골고루 전을 부쳐 채반에 가득 담아놓은 모습을 보면 참 뿌듯하고 기분이 좋다.

딸은 지가 좋아하는 꿀 송편 소를 만드느라 분주하다. 볶은 검은 깨를 갈고 꿀 몇 스푼과 땅콩을 굵게 갈아 버무린다. 나물도 딸 담당이다. 몇 번 가르쳐주었더니 이제는 간도 잘 맞추고 맛있게 나물을 잘 무친다. 명절이면 으레 자기가 나물을 만드는 줄 안다.

아이들이 빚은 송편을 보면 꼭 할머니 생각이 난다. 종가집인 친정에서는 추석이면 두 세 말 씩 송편을 빚었고, 나도 어릴 때부터 할머니에게 송편 빚는 걸 배웠다. 아이들이 빚어 놓은 송편 모양이 할머니가 빚은 송편과 매우 닮았다. 할머니 송편, 내 송편, 아이들 송편이 서로 닮은 것이다. 어릴 때 추석이면 온 가족이 둘러 앉아 많은 양의 송편을 빚으며 할머니 얘기를 들었었다.

"두 놈이 파고 여덟 놈이 메우는 것이 뭐지?"

할머니가 퀴즈를 내고 우리는 대답을 했다. 아무리 생각해도 답을 몰라서 말도 되지 않는 답을 말하면 할머니는 '송편' 하고 말하시며, 송편 만드는 손가락 모양을 설명해 주셨다.

추석에는 송편이 있고, 설날에는 김이 무럭무럭 나던 푸짐한 가래떡이 있어 나를 행복한 추억으로 이끌곤 한다. 명절에 우리집은 할아버지 동생들도 다 참석해서 차례를 모셨기 때문에 준비하는 음식은 정말 많았다. 할아버지 팔 남매와 작은 할아버지 외아들, 그리고 그 아래 작은 아버지가 육남매였고 그 자손들까지 왔기 때문에 그 때 명절은 큰 행사였다.

이렇게 종가집 대가족 식구에 차례 지내는 것에 길들여 있던 나는 서투르지만 결혼하는 해부터 시아버님 차례와 제사를 모셨다. 사실, 남편 위로 형님 한 분과 누님 한 분이 계시고 남편은 막내였기 때문에 나는 명절에 제사를 모시지 않아도 되었다. 그런데 남편 형님은 미국으로 이민을 가서 사셨다. 그 이야기를 들은 친정 아버지는 내가 시어버님 제사를 모셔야 한다고 강하게 권유하셨다. 유교 사상으로 제사를 인간의 중요 덕목으로 치시는 친정아버지는 귀신은 바다를 건너가지 못하니 시집 간 내가 제사를 모셔야 한다는 것이었다. 친정 아버지의 권유를 받고 혹시 미국에 사시는 시아주버님이 제사를 모시는지 남편에게 물어보니 모시지 않는다고 해서 그럼 우리가 모시자고 했다. 그래서 나는 시집온 해부터 어설프지만 차례와 기제사를 지내게 된 것이다.

제사를 준비하는 데 아이들이 어렸을 때는 별 도움이 되지 않았고, 남편도 도와주지 않았다. 나 혼자 그저 끙끙대며 했다. 아이들은 송편을 빚으라고 하면 로보트나 인형을 만들어놓았다. 그때마다 남편은 음식 갖고 장난친다고 아이들을 야단쳤다. 난 사실 차례와 제사를 모시는 것도 중요했지만 아이들에게 식구들간의 유대와 추억거리를 만들어주고 싶었다. 그래서 혼내지 않고 맘대로 하게 두었고 제가 빚은 걸 먹게 하였다.

아이들은 제가 만든 걸 먹으면서 좋아라고 했다. 아이들에겐 그 일이 놀이였고 추억이 되었다. 유치원생을 벗어난 아이들은 제법 송편 모양을 갖춰 송편을 만들기 시작했고, 이제는 다들 명절 음식을 척척 잘한다. 힘은 들었지만 명절 때마다 아이들과 둘러앉아 몇 시간동안 음식을 장만하는 즐거움은 참 소중하고 행복한 시간이 되었다. 어른이 된 지금도 아이들은 자기들이 로보트 모양으로 빚어 먹었던 떡을 기억하고 추억한다.

사람들이 편리함만을 추구한다면 세상사는 게 얼마나 살

벌하고 메마를까. 편함만을 추구하다가 명절의 소중한 문화마저 퇴색해서 사라진다면 가족 간 맺어진 끈끈한 정과 추억마저 사라지게 될 것이다. 빠르고 바쁜 현대를 살아가는 세태 속에서 이제는 가족들의 유대와 끈적끈적한 정마저 사라지고 있다.

일 년에 두 번, 좀 힘들긴 하지만 난 명절을 즐겁게 맞이한다. 평소 제각각 바쁘다는 이유로 가족들이 한 자리에 모이기가 힘든데 명절에는 모두 한 자리에 모여앉아 이런저런 이야기를 하며 음식을 장만하는 것이 행복하다. 많이 먹지도 않는데 번거롭다면 번거로운 일이어서 한 때는 송편을 사서 지낼까도 생각했었다. 그렇지만 아직까지 음식을 사가지고 와서 차례를 지내지 않았다. 내가 할 수 있을 때까지는 송편과 전 등 차례 음식들을 만들 것이다.

"엄마, 솔 냄새가 좋은데 나 꿀떡 하나만 골라줘."

"알았어, 딸. 송편 예쁘게 빚으니 너 시집가면 예쁜 딸 낳을 거야."

둥글게 떠있는 보름달이 우리 집을 기웃거리고 있다. 거실 가득한 솔 냄새와 함께 송편을 찌는 찜통에서 행복한 김이 모락모락 오른다. 이번 명절은 모두에게 명절 증후군 없는 명절이기를 환하게 빛나는 보름달에게 빌어본다. ♣

숙제

예전엔 대부분 자기가 살던 집에서 가족이 지켜보는 가운데 임종을 맞았었다. 그런데 요즘엔 집에서 임종을 맞는 경우가 참 드물다. 병원이나 요양원에서 임종을 맞는 게 대부분이다. 홀로 쓸쓸하게 죽음을 맞는 고독사도 핵가족이 낳은 새로운 풍속도이다.

그런 세태에서도 내가 아는 강형원, 이덕실 부부는 중증 치매인 어머님 대소변을 받아내 가면서 돌아가실 때까지 집에서 모셨다. 몸무게가 많이 나가시는 어머님을 오래 간병하다보니 이제는 어깨와 팔을 제대로 쓸 수 없다고 하면서도 정성을 다해 모셨다. 주변 사람들이 너무 힘들게 사는 그들 부부를 보고 다들 병원으로 모시라고 권했지만, 어머님을 그곳에 모실 수는 없다면서 집에서 대소변 뒷바라지까지 직접 했다. 그래도 잠시 한 눈이라도 팔게 되면 치매에 걸린 어머니가 변을 벽에 칠하는 바람에 온 집안에 냄새가 진동을 한다고 했다. 말이 쉽지 정말 그런 상태의 어머님을 모시고 살아가는 그들 부부에게 저절로 머리가 숙여졌다.

이웃들이 그들 부부가 힘든 것을 생각하여 걱정스레 물을 때마다 아들은 '내 변을 받아주신 어머님인데, 왜 내가 어머님 변을 못 받아내느냐' 고 하면서 오히려 반문을 하곤 했다. 그들 부부는 자식들을 위해 평생을 사신 부모님께 자식으로 당연히 해야 할 일이라며 돌아가실 때까지 지극정성을 다해 모셨다. 그분들의 어머님은 집에서 온 가족이 지켜보는 가운데 임종을 맞으셨다. 그 후 나는 그들 부부를 만날 때마다 그들 부부가 예전과 다르게 보인다.

며칠 전, 오랜 친구의 시어머님이 95세를 일기로 세상을 떠나셨다는 연락을 받았다. 병원 장례식장으로 문상을 가서 고인에 대한 예를 마치고 상주인 친구와 마주앉았다. 이야기 끝에 같이 간 일행 중 한 친구가 상주에게 물었다.

"임종은 봤어?"

"아니. 상태가 나쁘지 않으셨는데 새벽 2시에 돌아가셔서 아무도 임종을 못 지켜서 너무 마음이 아파."

"그건 그러네. 그동안 애 많이 썼는데…. 병원에 오래 계셨지? 그나저나 자기는 이제 숙제 다 했네. 난 숙제가 4개나 남았잖아."

"그렇지. 자기는 양가 부모님 아직 다 생존해 계시지."

"응. 이제 연세들이 있으셔서 매일 병원 가는 것이 일과 중 하나지. 얼마 전 치매이신 시아버님은 할 수 없이 요양병원으로 모셨어."

"그랬구나?"

"근데, 시어머님이 당신 거동이 불편해서 수발도 못하시면서 시아버님을 요양병원에 모셨다고 해서 서운타 하셔."

두 분이 따로 사셨는데, 시아버님은 요양 병원에 모시고 시어머님은 집으로 모셔 왔다고 했다.

"그러시겠지 왜 안 그러시겠어? 함께 사신 세월이 60여년이 넘으셨으니 얼마나 애틋하겠어?"

"맞아. 요즘 장수시대라고 떠드는데 장수가 꼭 축복인지 요즘 회의가 들어. 건강하게 사신다면 몰라도…"

"그렇지. 남에게 민폐 안 끼치고 자기 몸 건사하시며 살면 괜찮지."

"누구한테 무슨 일이 언제 닥칠지 모르는 불안한 우리의 미래지."

돌아가신 분에 대한 이야기보다 아직 생존해 계신 부모님들의 안타까운 내용에 대한 이야기가 많았고, 더 큰 화제가 되었다. 다들 나이가 들어서인지, 아님 부모님이 살아 계신 경우에는 치러야 할 큰 숙제로 여기는 것인지 요즘 숙제라는 말을 많이 쓴다. 혼인 안한 자녀가 있는 집도 아직 숙제를 못했다는 말로 대신한다.

숙제는 앞으로 해야 할 과제를 말하는 것인데, 누구나 영원히 살지 못하고 죽음을 맞이하게 되니 다들 숙제라고 칭하는 것일까? 숙제라는 말은 꼭 빨리 해야 할 일처럼 재촉하는 어감이 들기 때문에 그 말을 들을 때마다 왠지 현실이 서글프게 느껴진다. 병들고 늙은 몸으로 가족을 떠나 죽음의 장소인 요양병원으로 가야 한다면 그 심정은 어떨까?

나도 부모님 두 분을 요양병원에 모셨었다. 병원에 모시고 가며 가슴엔 돌덩이를 얹은 듯 마음이 불편하고 죄스러웠다. 병원에서 지내시는 것을 낯설어 하시던 엄마는 겨우 두 달 남짓 병원에 계시다가 떠나셨다. 그 생각을 하면 두고두고 가슴에 회한으로 남는다. 가족도 없는 낯선 장소인 병원에 홀로 남겨졌을 때 얼마나 쓸쓸하고 휑하니 무서우셨을까? 낯선 장소에서 배웅하는 이도 없이 죽음을 맞이한다고 생각하면 왠지 상상만 해도 춥고 마음까지 시려온다.

한 분 두 분 부모님 세대가 떠나가고 이제는 우리가 바톤을 이어받았다는 이야기로 화제가 옮겨갔다. 우리 세대가 부모를 모시는 마지막 세대이고, 자식에게 효도 받지 못하는 첫 세대라고들 말한다. 자식이 효도한다고 해도 언감생심 그 말을 믿거나 꿈도 꾸지 말라면서 늙어 수족을 못 쓰게 되면 친구끼리 어울려 같은 양로원에 들어가자고 서로 말했다. 이제 먼 남의 얘기가 아니라고 말하는 그 말을 듣다보니 왠지 씁쓸하고 서글픈 생각이 들었다. 어느 선생님이 '늙는다는 것은 이런, 저런 장애자가 되는 것'이라고 말씀하신 말이 참 맞는 말인 것 같다. 벌써 친구들 여럿이 무릎이 아파 걷는 것이 불편하다거나 눈에 백내장이 생겨 수술한다고 한다. 모두들 여기저기가 조금씩 불편해져 가고 있다. 다들 자식들에게 짐이 되기 싫다고 이야기 한다. 어느 새 나도 죽음을 이야기 할 만큼 많이 살았다는 사실에 새삼 세월의 무상함을 느끼게 된다.

몇 년 전만 해도 문상을 가면 상주에게 무슨 말을 해야 하나 좀 고민스러웠다. 슬퍼하는 상주에게 너무 상투적인 말을 하자니 그렇고, 또 아무 말을 하거나 아님 아예 말을 하지 않는 것도 조금 멋쩍었다. 그런데 요즘은 친부모가 돌아가신 집에 문상을 가도 돌아가신 분의 나이가 많아서인지 가족들이 밖으로 드러내고 슬퍼하는 모습을 보기가 힘들어졌다. 이제 숙제를 끝냈다고 생각해서 다들 그런 것일까?

♣

외투

신정아 사건으로 나라가 시끄러운 적이 있다. 그녀의 미모에 반해선지, 화려하게 포장한 학벌에 반해선지, 정말 어렵게 그 자리까지 올라간 한 가장이 무참하게 무너져 내리는 것을 봤다. 그 사건을 계기로, 학벌 세탁을 한 많은 유명 인사 명단이 주홍글씨가 되어 방송에 오르내렸다. 한 편에선 학벌 위주의 사회가 문제를 야기 시켰다고도 했다. 누구나 화려하고 근사한 외투를 입고 싶을지 모른다. 그러나 형편과 환경이 안 되어서, 또는 기회를 놓치거나 능력이 되지 않아서, 그 화려한 외투를 입지 못한 사람이 많다.

해마다 수능일이 다가오면 수험생이 있는 집은 그야말로 초비상이다. 수험생 자신은 물론 수험생 부모에게도 모든 것에 면죄부를 준다. 회합에 빠지거나, 집안 대소사 불참에도 당연한 듯, 묵인하는 사회분위기가 된지 오래다. 입시생은 모든 일에 있어 우선순위다. 우리 아이들이 입시생일 때도 그랬다. 그리고 아이가 공부 잘하면 그 엄마의 어깨는 빳빳하게 힘이 들어갔고 공부 못하는 아이 엄마는 괜히 주눅이 들었다. 과외 팀을 짤 때, 성적이 안 좋은 아이와 절대 같이 팀을 짜지 않는 것은, 예나 지금이나 똑같다. 그렇게 어려서부터 인생의 최대 목표가 대학입시다. 화려한 외투를 향해 전력질주를 한다고 해도, 한정된 그 외투를 다 입지 못하는 것이 또 현실이다.

집안의 기대를 저버리지 않고 화려한 경력을 달았던 내 친구 오빠가 있었다. 우리보다 두 살 위인 그 오빠는 우리가 고 1때 그야말로 인재들이 다 모이는 경기고 3학년이었다. 우리가 2학년이 되고 기대와 찬사를 받은, 친구 집 기둥이던 그 오빠는 서울대 법대에 들어갔다. 친구는 늘 자랑스럽게 오빠 이야기를 했고, 우리는 그런 오빠를 둔 친구를 부러워했다.

우리들은 잘 생긴 그 오빠의 앞날을 기대하며, 장차 이 나라에 걸 맞는 인재가 될 것을 믿어 의심치 않았다. 기대에 부응하며 재학 중 친구 오빠는 고시를 패스했고 졸업 후 정부기관 요직에 부임했다. 그런데 남들이 다 가고파하는 그 자리에도 만족을 못했는지 얼마 다니지 않아 공직을 사직했다.

그는 직급과 연봉을 높여 대기업으로 이직한 후 미국 지사의 책임자로 5년을 근무했다. 임기가 끝나 서울로 발령이 나자 회사에 사표를 내고 미국에서 사업을 시작했다. 그런데 그렇게 똑똑했던 그 오빠는 하는 사업마다 실패를 거듭하더니 빈손이 되어 미국 생활을 접고 서울로 다시 돌아왔다. 서울에 돌아온 오빠는 그 화려한 외투 덕인지 다시 좋은 회사에 취업을 하여 안정된 생활을 하는 듯 했다.

그러나 실패한 사업에 미련을 못 버렸는지 오빠는 부모님 집을 담보로 또다시 사업을 했다가 결국 부도를 내고 부모님 집을 날렸다. 인맥도 학연도 화려한 오빠는 이상하게 하는 일마다 실패하여, 그 후 부모님 집 두 채를 더 팔아치웠다. 형제들에게도 많은 피해를 주었고 결국에는 노부모님이 거처할 곳도 없게 만들었다. 본인은 물론 부모님까지도 이제는 집 한 채 없는 처지가 되었다. 이제나 저제나 맏아들의 재기를 기대했던 친구 엄마는 이제 모든 걸 체념하시고는, 장차관이 되어 잘 나가는 아들 동기들을 보며 '호랑이 새끼인줄 알고 길렀더니, 알고 보니 고양이 새끼였다'고 어쩜 추락을 해도 이렇게 추락을 할 수 있냐며 자조섞인 한탄을 하신단다.

막다른 골목에 선 그 오빠는, 아무도 그 화려한 외투를 달가워하지 않아서 막일을 하려해도 그 자리도 쉽지 않다고 했다. 중장비 자격증을 따서 취업을 해도, 막상 실무에 들어가면 같이 일하는 동료들이 못하겠다고 하여 얼마를 못 버티고 직장을 나온다고 했다. 시험은 잘 보지만 기능적인 실질 업무에 적합하지 않은 것이다. 얼마 전 친구가 그래도 한시름 놓았다며 오빠 얘기를 했다. 머리가 좋아선지 무슨 자격증이든 한 달만 공부하면 자격증을 딴다고 했다. 3주 만에 전기기사 자격증을 따 아파트 관리실 전기 파트에 취업을 했다는 것이다.

"경희야, 울 오빠, 어떻게 취직했는지 아니? 남들은 나오지도 않은 학교를 나왔다고 쓰는데, 우리 오빠는 이력서에 학교도 명기하지 않고 고졸이라고 써 취업했잖니?"

이렇게 말하면서 참 기막혀하고 속상해 했다. 그 화려한 외투를 벗고 이력서 란에 고졸이라고 써 겨우 취업하는 걸 보면, 그 화려한 외투가 만능은 아니었던 것이다. 어쩌면 그 오빠는 사업을 할만한 재목이 아니었을 수도 있다. 시험 잘 치는 것처럼 사업도 잘 할 수 있다고 판단했던 건 아닐까? 오히려 그 화려한 외투가 너무 버거워서, 잘못 길을 걷게 만든 화근이 되었는지 모른다. 다들 화려한 외투를 걸치면 마치 노름판에 조커를 잡은 듯 부러운 시선에 자못 오만방자할 수도 있다.

내가 아는 어느 명사는, 자식이 일류 대학을 못 나와 제대로 사람 구실을 못한다고 생각한다. 늘 자식이 애닯은 그 분은 자기가 나온 서울대를 나오지 못해서 자식이 잘 풀리지 않고 그래서 어렵게 산다는 생각에 젖어있다. 그 분이 그런 말을 할 때마다 '저건 아닌데' 라는 생각이 든다. 그 분이 우습게 생각하는 대학을 졸업한 사람이, 그 자리에 있을 수도 있고, 그 대학 출신 인재도 많은데 그 학교를 폄하하는 말은 참 듣기 거북하다. 또 공인으로서 공적인 자리에서 최고 대학을 치켜세우는 것도 참 부적절한 처사 같다.

누구나 부러워 하지만, 화려한 외투가 모든 경우의 수에 다 쓸 수 있는 마스터 키는 아니다. 화려한 외투를 걸친 건, 성공의 퍼센트가 조금 높은 최소한의 안전장치 하나를 갖은 것 뿐 아닐까라는 생각을 한다. 너도 나도 포기 할 수 없는 화려한 외투를 향한 숨 가쁜 행렬은, 어쩜 끝나지 않는 영원한 숙제일지도 모른다. 어느 학교에서 서울대에 몇 명 입학했다는 방송 보도를 본다. 한 편으로 그 화려한 외투를 숨기고 취업을 해야 할 만큼, 팍팍하게 어려워진 현실이 씁쓸하게 다가온다. ♣

낭만과 정직사이

죽을 거 같이 가슴앓이 했던 첫사랑, 사랑하면서 맺지 못해 더 애닯은 첫사랑은 늘 가슴에 앙금처럼 남아있다. 흰 가운을 입은 비슷한 체격의 남자를 보면, 그 남자가 떠올라 콩콩 가슴이 뛰었다. 가끔씩 궁금했다. 첫사랑 그 남자가 어떻게 변했을까? 카르멘 중 노예들의 합창을 들으면 그와 함께 보았던 국립극장 무대와 김청자 씨의 화려했던 파란 드레스가 아직도 머릿속에 생생이 떠오른다. 그가 튕기던 '이루어 질 수 없는 사랑' 세고비아 기타의 선율, 또 그의 숨소리, 따스했던 그의 손이 생각난다.

결혼을 하고 아이를 둘 낳은 후에도 가끔씩 꿈속에서 그를 만나기도 했다. 사십 초반쯤 어느 날 차를 타고 지나가다가, 우연히 그가 운영하는 병원 앞에 중년이 되어 서있는 그를 보고 얼굴이 달아올랐다. 며칠동안은 옛일이 주마등처럼 나를 휘젓더니, 응어리처럼 남아있던 막연한 그리움이 거짓말처럼 사라지고 그 후로는 꿈에도 나타나지 않았다.

첫사랑의 상대는 서로 보지 않는 게 좋다는 말을 한다.

아련한 그리움으로 남겨둬야지 예전과 다르게 늙은 모습을 보면, 마음에 간직한 첫사랑의 환상이 깨지기 쉽다고 들 말한다. 남자는 첫사랑을 못 잊어하고, 여자는 마지막 선택한 사랑에 더 비중을 둔다고 말한다. 그 말은 여자들이 더 현실적이고, 남자들이 좀 낭만적이란 말 같기도 하다. 글쎄 그게 맞는 말인지는 잘 모르겠다.

내 친구 미희 이야기를 하려 한다. 미희는 미팅에서 만난 모 명문대 상대를 다니는 학생과 열렬히 연애를 했다. 그 시절 킹카로 불렀던 그 남자와의 연애는 친구들 사이에 화제였다. 미희도 뭐하나 빠지는 것 없이 예뻤고, 그 남자 역시 귀티나게 잘 생겨 친구들 사이 부러움의 대상이었다. 영화 '겨울여자'로 우리 또래가 열병을 앓던 시절 올리비아 핫세를 닮은 친구는 러브스토리처럼 낭만이 넘치는 연애를 했다. 마치 영화의 주인공 같이 느껴질 만큼 둘은 잘 어울리는 한 쌍이었다.

10월 유신으로 사회가 시끄러운 시절, 아들이 데모의 주동자라도 될까 염려한 그 남자의 아버지는 강제로 그를 군에 입대시켰다. 편지를 주고받으며 굳은 사랑을 다짐했건만, 그 커플도 첫사랑의 징크스를 못 넘고 헤어졌다. 그 시절 스물 중반을 넘기면 큰일 나는 줄 아는 부모님의 성화에, 일 년을 버티다 부모님이 소개한 남자와 6개월 교제 끝에 결혼을 했다.

그리고 두 아이의 엄마가 되어 평범한 주부로 살던 친구는 남편의 홍콩지사 발령으로 홍콩에서 3년을 살았다. 운명의 장난인지 그곳에서 친구는 첫사랑 그 남자를 만나게 되었다고 했다. 우리들은 귀를 쫑긋 세워 호기심 가득한 마음으로 친구 이야기를 들었다.

부임한지 1년쯤 지나, 홍콩 생활에 익숙할 무렵이었다고 한다. 성당에서 새로운 교우를 소개하는 시간에 다른 회사 주재원 부인인 여자를 알게 되었단다. 남편도 교우인데 부임 초라 바빠서 오늘 못 나왔다는 인사를 했던 그 여자는, 같은 아파트 단지에 이사 온 비슷한 연배의 교우라 이런 저런 도움을 주며 가까워졌단다.

얼마 후, 그 여자는 단지 내 몇몇 교우 부부를 초대해 저녁을 대접하려는데 교자상이 모자라니 있으면 빌려달라고 했단다. 무거운 교자상을 혼자 가져가게 할 수가 없어 결국 같이 교자상을 들고 친구는 그 집에 가게 되었단다. 그런데 거실에 걸려있는 가족사진을 보고 친구는 그 자리에서 얼음땡이 되어 주저앉을 뻔 했다고 한다.

친구의 첫사랑 남자가 이제는 두 딸의 아버지로, 다른 여자의 남편이 되어 가족사진 속에서 환하게 웃고 있더란다. 그 모습을 보니 묘한 감정이 들었다고 했다. 오래 만나지 않은 사이인데도 남편 자랑을 늘어지게 했던 그 여자의 말이 떠올랐단다. 자상하던 그 남자의 행동이 필름처럼 돌아가고, 독단적이고 자기중심적이며 고집이 센 남편과 비교가 되며, 얼핏 후회와 아쉬움이 스쳐 가더란다. 차를 마시는데, 아무 것도 머리에 들어오지 않고, 더 놀다 가라 붙잡는 여자의 호의를 마다하고, 바로 나왔다고 했다.

그 집 현관을 나오며 친구는 머릿속이 하얘졌다고 했다. 모레 서로 인사하기로 했는데, 자기를 보면 그 남자가 놀랄 것이고, 놀라는 것을 보면, 남편이 자기에게 묻고 다그칠게 뻔한 사실 같았으니까. 고지식하고 한 고집하는 친구 남편은, 결혼 전 자기에게 무릎 꿇고, 자신만을 사랑한다는 선서를 시킨 인물이어서 그 사실을 알까 더 겁이 났었다고 친구는 털어 놓았다.

아무리 생각해도 이 상황을 수습할 길이 없어 몸을 뒤척이며 뜬 눈으로 밤을 새웠단다. 하루 종일 고민하다가 퇴근 무렵에 전화안내부에서 그 남자의 회사 전화번호를 알아내, 몇 번을 망설이다가 용기를 내 전화를 했다고 한다.

"여보세요, 수철씨 아니세요?"

"아, 네. 누구신데요?"

"네, 저 이미희예요."

전화기 너머의 그 남자도, 적잖이 놀라며 반가워하니, 잠시 옛날로 되돌아간 듯 친구의 가슴이 콩닥콩닥 뛰더라고 했다. 친구는 자기는 이런 남자와 결혼을 했고, 아이가 둘이고 자기 남편은 어느 직장에서 1년 전 여기로 왔다고 상세히 설명을 했단다. 모레 인사하는 자리에서 자기를 보고 놀라면, 수철씨 부인도, 자기 남편도 의아해 할 수도 있고, 앞으로 주일마다 성당에서 봐야 하는데 불편하니 처음 보는 사이로 하자는 당부를 하고는 전화를 끊었단다.

그 날, 그 남자의 집에 남편과 초대받은 친구의 기분이 어떠했을까. 한 편으로 스릴을 느끼면서, 다른 한 편으로 어색함과 불편함이 뒤섞여 혼란스러웠다고 했다. 주일마다 성당에서 만나게 되는 그 남자 때문에, 옷차림과 언행에 은근히 신경이 쓰이고, 자기도 모르게 그 여자의 차림새도 예사로 보이지 않더라고 했다. 어느 날 두 부부가 어울려서 골프를 같이 치던 중 하도 부인을 챙기는 그 남자를 보고 장난기가 발동한 친구는 모른 척 하면서 물었단다.

"예지 아빠, 이렇게 미남이시고 다정다감한 성격이라 총각 때 인기 폭발이었겠어요?"

"아, 예."

얼버무리는 남자의 답변을 들으면서 웃음이 나오는 걸 참았단다. 그 후에도 마치 아무 일도 없었던 것처럼 친구는 늘 행동했고, 뭐를 어쩌자는 건 아니지만, 자기는 그 남자를 만나는 것이 싫지 않았다고 했다. 그렇게 2년여 동안 잘 지내고, 서울로 발령이 나 홍콩을 떠나기 3일 전에 차 한 잔 하자는 전화를 받고 그 여자를 만났단다.

그녀는 작정하고 나온 듯 사실은 미희 씨가 자기 남편과 사귀었던 것, 자기는 다 알고 있었다는 얘기를 하더라는 것이다. 자기 집에 초대했던 날 밤에 자기 남편이 털어놓았다는 것이다. 정말 그 순간 민망해 쥐구멍이라도 들어가고 싶었단다. 얼굴이 달아올라 그 여자의 얼굴을 쳐다보지 못했다고 했다. 큰 죄를 지은 것도 아닌데 말이다.

못 믿을 남자 같으니라고. 이제껏 시치미 떼고 행동한 자기 자신을 보며 즐겼을 그 여자. 친구는 2년 동안 자기를 얼마나 가증스런 여자로 보았겠냐며 그 남자를 향한 분노로 치를 떨었다. 그렇게 마누라에게 비밀이 없이 정직하고 싶다면, 서로 사귀었던 사실을 마누라에게 이야기 했다고 귀띔이라도 했어야 하는 게 아닐까? 우리는 친구 얘기를 들으며 자기 마누라한테 정직한 것은 좋지만 첫사랑의 입장은 배려하지 않는, 그 정도의 남자와 결혼하지 않은 것이 천만다행이라고 열을 내며 말했다.

아직도 그 남자의 그런 행동이 납득되지 않는다. 그리고 내내 말하고 있지 않다가 떠나는 마당에 그 사실을 말하는 그 여자는 어떤 마음으로 그랬을까? 봤지, 우리 이렇게 행복해. 그 남자, 내 남자야! 이렇게 외치고 싶었던 걸까? 사십 초반의 나이가 되어 이제 각기 다른 가정을 이룬 두 사람이, 뭘 어쩌자는 것도 아닌데 홀랑 까발려서 상대방을 우스운 사람으로 만든 그 남자 이야기를 들으며 첫사랑의 낭만을 꿈꿨던 우리는 분노했다. 그가 선택한 까칠한 정직보다, 오히려 조용히 첫사랑을 가슴에 묻어 두었다면 더 아름답지 않았을까? 낭만과 정직 사이, 분명 그 남자가 선택한 정직은 아름답지 않았다. ♣

외로움

늘 두 세군데 결혼식으로 분주한 토요일. 오늘은 모처럼 결혼식 청첩장이 없는 한가한 날이다. 할 일 없이 집에서 빈둥거리며 TV시청을 하다가, 책도 건성거리며 읽다보니 따분한 생각이 들었다. 백화점이면 질색하는 남편에게 이렇게 집에만 늘어져 있으면 권태로운 중년에는 우울증이 온다며 남편을 꼬여서 백화점을 갔다.

백화점에 들어서서 한 바퀴 돌더니 남편은 자기는 머리가 아파 백화점 휴식 의자에 앉아있을 터이니 혼자 구경하고 오라는 것이다. 우두커니 의자에 혼자 앉아 있는 것보다 눈요기도 하고 마누라와 같이 둘러보면 좋으련만 '멋대가리 없는 남자'하고 속으로 생각하며 한 바퀴 돌고 오겠노라고 했다. 그렇지만 남편이 혼자 우두커니 기다리고 있다고 생각하니 구경하는 내 마음도 가시방석처럼 불편해서 금방 남편에게 갔다. 역시 백화점은 친구랑 오는 게 제일 좋다는 생각을 하면서 말이다. 뭐를 딱히 사겠다기보다는 유행하는 트렌드도 보고, 눈요기도 하고 한 번 걸쳐보기도 하고, 그러다 충동

구매를 해서 후회하기도 하지만 친구와 함께 하는 쇼핑은 부담이 없고 편하다.

"살 것도 없네."

나는 남편에게 이렇게 말하며 설레발을 쳤다. 기다리게 한 것이 미안하기도 하고 아무것도 사지 않고 왔다는 의기양양한 강한 몸짓으로 말이다. 그나마 퇴직 후 마켓 식료품은 함께 장을 보기도 하지만, 백화점은 아직 어색한 모양이다. 백화점은 중국 관광객들로 북새통이라, 사람이 많은 공간을 질색하는 남편이어서 더욱 난감해 하는 것 같았다. 불경기에 중국 관광객들이 최고의 고객이라니, 정신없고 시끄러운 것쯤은 그저 감수하고 고마워해야 할 일이 아닐까 하는 생각도 들었다.

저녁을 먹기는 이른 시간이지만 딱히 할 일도 없고, 집에 가서 밥을 하는 것도 싫어서 여기에서 저녁을 먹기로 했다. 식당가를 돌아보아도 딱히 끌리는 음식이 없어 망설이다가 선택한 메뉴는 쌈밥 정식이었다. 식당 안은 아직 저녁 먹기에 이른 시간임에도 거의 만석이다. 우리는 종업원이 안내한 구석쪽 식탁에 앉았다. 조선족인 듯한 중년의 종업원은 행동이 굼떠 한참을 기다려도 주문을 받으러 오지 않는다. 얼마를 기다려 쌈밥정식을 2인분 주문했더니 '밭에 야채 따러 갔나, 왜 이렇게 늦어' 하면서 남편이 불평과 비아냥거림을 할 정도로 음식이 안 나온다.

지루하게 주문했던 음식이 나오기만을 기다리고 있는데,

우리 옆자리에 아가씨가 혼자 와서 앉는다. 그리고 종업원이 차림표를 가지고 오니 '쌈밥정식 일인분'을 시킨다. 종업원이 쌈밥정식은 2인분 이상이라야 된다고 하니 바로 '그럼 2인분 주세요'라고 한다. 그런데 2인분을 주문하는 말투가 너무 건조하게 들려서 자꾸 옆자리의 아가씨에게 신경이 쓰였다. 1인 가구가 늘어가는 요즘인데, 불고기 조금과 된장찌개, 굴비 한 마리 그리고 쌈으로 이루어진 쌈밥정식 주문이 1인분은 안 된다는 것도 이해가 되지 않았다.

드디어 기다리던 우리 식사가 나오고, 이어 그 아가씨의 쌈밥 정식 2인분도 나왔다. 음식을 놓던 종업원이 '수저 한 벌 더 가져다 드릴까요?'하고 묻는 말에 '수저는 있다가 주세요' 하고 말하는 아가씨의 대답이 영혼 없는 메아리처럼 들렸다. 그래서 혼자 밥을 먹기 시작하는 아가씨의 행동이 자꾸 궁금해졌다. 정말 누가 오기로 하건지 쌈밥이 먹고픈데 2인분 밖에 안 된다니 그냥 주문한 것인지 궁금했다. 굴비는 두 마리가 나왔는데, 과연 굴비 두 마리를 혼자 다 먹을까 하는 궁금함에 그곳으로 자꾸 눈이 갔다.

내가 밥을 거의 다 먹어가도록 여전히 옆자리 아가씨는 고개를 숙이고 혼자 열심히 밥을 먹는다. 일행이 있다면, 늦는 일행에게 전화를 해 빨리 오라고 재촉할 법도 한데 전화도 하지 않고 혼자 열심히 밥을 먹는다. 쌈을 다 싸먹고 나머지 굴비 한 마리까지 젓가락을 대는 걸 보니 아무도 오지 않을 거라는 확신이 들었다. 배가 고팠던지 반찬이며 불고기도 거의 다 비웠다.

옆자리의 아가씨에게 자꾸 측은지심이 생겼다. 나도 혼자 밥을 사먹은 적도 있고, 혼자 밥을 사먹는 사람도 여러 번 보았다. 그러나 그것이 이상하다거나 안 되었다는 생각이 든 적은 없었다. 그런데 오늘따라 2인분을 시켜서 혼자 먹는 모습과 건조한 말투를 듣다보니 쓸쓸함이 느껴졌다.

내가 옆자리 아가씨에게 신경 쓰는 걸 모르는 남편은 다 먹었으니 일어나잔다. 나는 아직 덜 먹었다며 맨 쌈을 아껴가며 최대한 천천히 먹으며 시간을 끌어가면서 옆 자리 아가씨의 행동을 훔쳐보다가 문득 아직 미혼으로 있는 친구가 생각났다.

젊어 한때는 부러워하기도 했던 친구였다. 아이들 키우느라 징징대고 철퍽거리며 살 때 국어선생을 하던 그 친구는 방학만 되면 세계 각국 여행을 다녀와 여행지에 대한 이야기를 했다. 나는 가보지 못한 나라를 상상하며 도도하게 자신을 가꾸고 사는 그 친구가 너무나 멋있고 부러웠다. 그런데 나이가 들면서 그 친구는 피다만 꽃처럼 시들시들해 보이고 점점 활기도 없어졌다. 어느 날 그 친구를 만났더니 친구는 이제 늦어 결혼은 못하더라도 연애라도 할 상대가 있으면 좋겠다는 말을 했다. 제일 외로울 때가 혼자 밥을 먹을 때인데, 그것도 외식을 할 때라며 냉면을 같이 먹을 수 있는 사람이라도 있으면 좋겠단다.

친구 얘기를 들으며 모든 건 다 때가 있는 거구나 라는 생각을 한 적이 있었다. 뭐하나 빠질 거 없는 친구가 혼기를 놓치더니 쓸쓸하게 살아가는 걸 보며 안타까운 마음에 좋은 지인이 있어 소개를 했다. 그런데 나이가 서로 있어선지 아님 노파심이 큰 탓인지 잘 어울릴 요소도 많았는데 성사가 되지 않았고 둘 다 아직까지 싱글이다. 그 때 만나 서로 함께 살았어도 20년은 함께 지냈을 텐데 말이다.

하루에 세 번 습관적으로 먹는 식사지만, 낯선 사람과 밥을 먹는 경우는 참 드물다. 식사를 같이 한다는 것은 서로에게 마음을 열지 않으면 불가능한 일이다. 우리는 가까워지고 싶거나 호의를 표현하는 말을 할 때 '언제 식사나 한번 같이 해요'라고 말한다. 생각하기 나름이지만 24시간에 세 번밖에 없는 기회는 귀한 시간 일 수 있다.

옆자리 아가씨가 혼자 밥을 먹게 된 사정은 알 수가 없다. 그렇지만, 어쩜 1인분을 시켜서 먹었다면 내 관심을 끌지 못하고 그냥 지나쳤을지도 모른다. 조금 전 멋없다고 투덜대었던 남편이 다시 더없이 고맙고 소중한 존재로 나에게 다가온다. 먹고 싶은 것을 같이 먹어주는 사람이 있다는 것을 늘 당연하다고만 생각했는데, 혼자 밥을 먹는 아가씨를 보니 내 삶을 되돌아보게 된다. 새삼 소소한 일상이 얼마나 소중하고 감사한 일인지를 느끼며, 남편의 손을 꼭 잡고 에스컬레이터를 타고 내려왔다. ♣

신부님의 뒷모습

영세 받고 성당을 다닌 지 오래지만, 난 그렇게 열성적인 믿음이 좋은 신자는 아니다. 겨우 주일을 지키는 발바닥 신자이다. 특별한 일이 있으면 가끔 주일 미사에 빠지기도 하는 날라리 신자다. 그렇다고 아무 일도 없는데 주일미사를 빼먹지는 않는다. 그러면 마음이 찜찜하기 때문이다. 핑계로라도 합리화 할 수 있는 상황엔 미사를 빼먹은 적도 있다. 부모님을 찾아뵙느라, 집안에 대소사로, 혹은 여행 중에 미사에 참석을 못 할 때도 있다. 그럴 때 누가 뭐라고 하는 것도 아닌데 하나님이 이해해 주실 거라 믿으며 스스로 면죄부를 주기도 한다.

성당에 정말 열심인 봉사자를 보면 그 신심과 희생에 머리가 숙여지고, 부럽기도 하다. 그런데 믿음이 약해선지 아님 성격 탓인지 난 수동적인 신자다. 나서서 무엇을 하지 않는 차지도 뜨겁지도 않는 신자다. 성당에서 일어나는 많은 행사들이나 성당 일에 무관심한건 아니다. 작정한 교무님을 어긴

적 없고 외부 신부님들이 선교지의 어려운 재원을 마련하러 오시면 가능한 한 작은 액수라도 꼭 동참하려고 한다. 찾아서 봉사를 못하지만 십시일반 작은 마음이라도 보태고 싶기 때문이다.

그동안 성당을 다니면서 여러 신부님이 모셨는데, 신부님들의 개성에 따라 강론 색깔이 조금씩 다르다. 중요하게 생각하는 것이 다르고, 신자들을 대하는 태도와 좋아하는 게 다르다. 신자들도 별별 사람들이 다 있다. 사람이 많이 모이는 곳에 어떤 사람이 없을까? 어떤 신자는 신부님과 개인적인 교류도 하면서 격의 없이 지낸다. 또 묵묵히 티 안내며 봉사하는 신심이 깊은 교우도 있다. 그 분을 보면 깊은 우물 같은 깊이가 느껴져 저절로 마음이 숙여진다. 또 직책을 맡은 봉사자 중엔 자기만의 신부님 같이 유난을 떨며 마치 자기가 신부님 모든 것을 대변하는 것처럼 떠드는 자매도 있다. 그런 자매는 자기의 기분에 따라 만나는 사람마다 자매님, 자매님 하면서 친한 척 하다가도, 경우에 따라 못 본 척 외면하는 변덕스런 모습을 보여줄 때면 저절로 눈살이 찌푸려진다.

말씀은 안하시지만 신부님도 알록이 달록이 천차만별의 신자들을 보듬으려면 어려움이 많으실 것이다. 열사람만 모이는 작은 모임에서도 제각각 의견이 달라서 시시비비를 가리느라고 시끄러운데…. 신부님도 칠, 팔천 명이나 되는 신자들 영성을 보듬고 신심을 키우며 성당의 큰살림을 이끌어 가시기는 참으로 힘들 것이다. 나는 신부님이 어려워 주일미사를 마치고 신부님이 신자들과 인사 하시는 자리도 사람이 많으면 옆으로 슬쩍 비켜가면서 목례만 하고 지나간다.

내가 다닌 성당에는 김자문네레오 신부님이 계셨다. 머리숱이 유난히 많고, 눈썹이 짙으며 노래를 좋아하는 카리스마 있는 신부님이셨다. 또 유머도 잘 하고, 할 말은 하는 신부님이셨다. 성당 행사 중에도 진행이 매끄럽지 않으면 바로 그 자리에서 진행자를 지적하기도 했다. 나는 가까이 가지 않으니 신부님에 대해 별로 아는 게 없었다.

어디나 그렇듯 신부님을 좋게 말하는 신자와 신부님을 부정적으로 말하는 신자들이 있다. 주임 신부님들의 임기는 5년인데, 네레오 신부님은 임기를 마치고 다른 본당으로 가셔야 될 때가 되었다. 그 무렵 네오 신부님이 퇴임할 때까지 남은 임기가 2년이라서 우리 본당에서 임기를 마치고 퇴임하기를 원한다는 말이 떠돌았다. 그러다가 교구청에 어느 신자가 투서를 하였다는 소문이 떠돌더니 갑자기 신부님이 떠나시게 되었다는 소식이 들렸다. 나는 교회법에 문외한이니 진실이 무엇인지는 모르지만, 왠지 씁쓸한 기분이 들었다. 물론 그런 일이 없었으리라 생각하고 싶다.

신부님이 중계동 본당으로 떠나는 날, 그런 소문을 들어서인지 극히 평범한 아줌마의 감상으로 느낀 신부님의 모습이 쓸쓸하게 느껴졌다. 나는 신부님과 개인적으로 한 번도 이야기를 나눈 적도 없고, 신부님도 물론 나를 모른다. 그런데도 신부님이 마지막 미사를 집전하고 잘 있으라고 말하면서 떠나는 날에 보여준 신부님의 뒷모습이 내내 머리에 돌며 마음이 편치 않았다. 물론 신부님은 그런 것에 희비를 느끼지 않는 사제일 것이다.

신부님은 구순이 넘은 신부님의 어머님을 모시고 사셨다. 사제로 하나님께 바친 몸과 마음이지만 신부님도 사람인데 저 연세에 구순이 넘은 어머님을 모시고 낯선 본당으로 가신다고 생각하니 왠지 모르게 가슴이 찡했다. 노모를 모시고 낯선 곳에 가서 또 새로운 시작을 하는 게 적지 않은 두 분 연세에 얼마나 힘드실까? 늘 부임지를 떠도는 신부님이지만, 퇴임을 앞둔 시기에 노모를 모시고 또 다른 임지에 간다는 사실이 왠지 그랬다. 그래선지 내 잣대로 본 신부님의 모습이 그냥 안되어 보이기만 했다. 뭔가 조금이라도 신부님께 힘을 주고 싶은 마음이 들었다. 정작 계시는 동안에는 신부님 곁에 다가가지 않았지만, 소리 없는 많은 신자들이 신부님을 기억하고 응원한다고 말해주고 싶었다.

신부님이 떠나신 며칠 후에 나는 우리성당 사무실로 찾아가 네레오 신부님의 핸드폰 번호를 받았다. 그래도 조심스러워서 직접 전화를 하지 못하고 문자를 보냈다. '신부님 저는 이름 없는 발바닥 신자인데요. 신부님이 안 계신 성당이 텅 빈 것 같아요. 신부님 건강하세요. 주님의 은총이 늘 함께 하시길 빕니다.' 내 문자에 대해 신부님은 신부님 특유의 말투로 답장을 보내오셨다. '그대는 누군고? 본명은?' 이 문자를 받고나서야 그냥 문자로 대답하기에는 도리가 아닌 거 같아서 전화를 드렸다.

"신부님, 저 쥴리아라고 하는데요. 성모회 세실리아랑 함께 찾아뵐게요. 언제가 괜찮으세요?"

"응, 그래? 지금 정리가 안 되었으니 다음 주 수요일쯤 와."

나는 신부님께 따뜻한 케시미어 쉐타를 사드리고 싶어서 치수를 물어보았지만 그냥 고맙다고 하시면서 마음만 받겠다고 거절하셨다. 그래서 쉐타를 사드리고 싶은 작은 나의 소망은 이루지 못했지만, 과일을 사들고 나는 세실리아와 신부님을 찾아뵈었다. 신부님이 주시는 차 한 잔을 마시면서 이야기를 나누다가 떠나올 때 신부님은 관사 수리가 끝나면 다시 놀러오라며 우리를 배웅해 주셨다.

그리고 2주가 채 지났을까. 10월 19일 갑자기 신부님이 돌아가셨다는 소식이 들려왔다. 너무나 황당했고 큰 슬픔이었다. 부임하신 성당 관사를 수리하는 중 춘천 성지에서 피정을 하고 이틀 후에 성당에 가시려고 했다는데, 수리한 관사에 들어가지도 못하고 뇌출혈로 돌아가신 것이다.

우리는 살아가면서 여러 사람을 만나고 이별한다. 이별을 한 건지도 모르고 기억에서 사라지는 사람들도 많다. 그런데도 신부님의 죽음이 믿어지지가 않았다. 명동 지하성당에 누워 계신 신부님이 '놀랬지' 하고 특유의 농담을 하며 금방 일어나실 것만 같았다. 내가 상상으로 느낀 건지도 모를 신부님의 쓸쓸함 때문에 눈물이 더 쏟아졌다.

하나님 나라에 가 계실 신부님인데도 신부님 생각을 하면 그냥 마음이 아프고 슬펐다. 나는 상주가 된 마음으로 신부님의 장례 행사에 참석하였다. 신부님과 평소 교류는 없었지만 신부님의 선종은 내 마음에 강하게 남았다. 그리고 구순이 넘은 신부님 어머님의 흐느낌이 마음에 아리게 남았다.

네레오 신부님 후임으로 홍기범 바오로 신부님이 오셨다. 내가 느끼기에 성품이 조용하고 깔끔하며 온화한 성품의 멋쟁이 신부님이다. 신부님이 오신 후 성당이 단아하고 깔끔하게 리뉴얼되어 참 쾌적하고 편하다. 홍기범 바오로 신부님은 내가 큰일을 겪은 인생의 갈피마다 함께 해주셔서 더 특별히 기억에 남을 것 같다. 부모님 두 분이 한 달 간격으로 돌아가셨는데, 아버지가 세례를 받으셨고, 신부님이 장례미사를 집전해 주셨다. 동지 석 달 추운 날씨인데도 신자들의 끊이지 않는 연도와 경건하게 장례 미사를 집전해 주신 바오로 신부님께 감사를 드린다. 그리고 진천에 있는 선산까지 오셔서 장례를 집전해 주신 연령회 남갑현 요셉 회장님과 최미옥 스콜라스티카, 강수미 글라라 자매님 세 분에게 진심으로 감사드린다.

정말 추운 날씨에 눈이 섞인 진흙길 언덕을 오르느라 신발은 떡이 되었어도 봉사자님들은 하루종일 소리없이 애쓰셨다. 장례를 마친 후 그 모습을 본 올케가 느낀 게 많다며 교리 공부를 하고 싶다고 했다. 믿음을 갖지 않았던 올케와 남동생 가족은 이제 신자 가족이 되어 열심히 레지오와 에미

활동을 한다. 분명 신부님과 봉사자를 통해 역사하신 주님의 은총이라 생각한다. 딸 혼례의 혼배성사도 해주신 신부님이고, 내 인생에서 정말 크고 중요한 순간에 함께 하신 신부님이기에 드러내지는 않지만 내 마음에 특별하시다.

그리고 미지근한 나의 믿음도 점점 따듯해지기를 기도한다. 신부님이 연세 드신 할머니들의 손을 진심으로 잡아주며 격려하고 어린아이를 환한 웃음으로 안아주실 때마다 온화하고 따스한 아름다운 뒷모습을 본다. 신부님 앞에 나서지는 않아도 많은 신자들이 신부님을 응원하고 기도하고 있을 것이라 생각한다. 아직도 난 신부님이 조심스럽고 어렵다. 후년이면 홍기범 바오로 신부님도 우리 본당을 떠나실 것이라 생각하니 벌써부터 섭섭한 생각이 든다. 나와 인연이 많았던 신부님은 시간이 지날수록 더 그리울 것이다. ♣

해체된 영혼

"아줌마, 나 이쁘지?"

"아이, 깜짝야."

느닷없이 다가와 소리치는 바람에 나도 덩달아 소리를 치고는 경계를 하며 몇 발짝 뒤로 물러섰다. 그 여인은 천연덕스럽게 비실비실 웃으면서 지나가는 사람을 붙잡고 아주 애교 철철 넘치는 목소리로 '나 이쁘지'를 연발한다. 마치 약 올라 죽겠지 용용 하는 말투로 말이다. 알맞은 키에 긴 부츠를 신고 머리를 감지 않아 뒤엉킨 긴 머리칼은 집시를 연상시킨다. 나이는 앳돼 보이는 게 서른 언저리인 듯 보이고, 쌍꺼풀이 없는 눈에서는 묘한 광채를 내뿜는다.

몇 년 전 스페인 어느 작은 카페에서 탱고를 추던 무희의 깊고 슬픈 회한이 담긴 듯한 눈빛을 닮았다는 생각이 든다. 참 사랑스런 여인인데 차림이나 행동으로 보나 정상이 아니다. 오래전에 나사가 풀어진 듯 보이는데 아뿔싸, 이건 또 무슨 일인가. 해체된 영혼의 껍데기에 새로운 조립이 이루어지고 있는 게 아닌가? 종족 번식본능이 강한 어느 남정네의

씨뿌림인가.

대지의 밑뿌리처럼 강한 생명력은, 영혼의 아픔에도 상관없이 세포는 분열되어 산달이 가까워진 듯 보인다. 뭐가 들었는지 보따리를 안고 쉴새없이 나 이쁘지를 확인시키는 저 여인의 아픈 사정은 알 수 없다. 그러나 저 여인에게도 싱싱한 고등어의 무지갯빛 도는 탱탱하게 윤나는 시절도 있었으리라. 누구나 꿈꾸는 소녀시절의 동화 같은 사랑, 공주 같은 신부 그리고 창창할 것만 같은 미래와 또 아픈 청춘의 성장기도 보냈을 것이다.

어느 엄마에겐 얼마나 귀하고 이름만으로도 가슴 아린 딸일 텐데 하는 생각을 하니 겨울밭에 버려진 바람이 든 무처럼 서걱거린다. 뭐가 들었는지 알 수 없는 보따리엔 그래도 본능적인 모성애를 싸가지고 다니는지 꼭 품에 안고 있다. 현대인의 고독, 프란츠 카프카의 톱니바퀴에서의 일탈을 꿈꾸는 영혼은 아니었겠지만.

그 무시무시한 극한의 아우슈비츠 수용소에서도 생명의 탄생이 있었다는 얘기를 들은 적이 있다. 설마, 자기 몸에서 얼마나 엄청난 신화가 탄생되고 있다는 사실을 인지하고 있기는 한 걸까? 상황은 답답하고 절망스럽고 슬퍼도 생명의 탄생은 신비스럽고 위대하다. 저 여인의 도발적인 행동, 냉소 섞인 웃음 뒤에는 왠지 비릿한 아픔이 느껴진다.

방치된 상태에서도 저렇게 예쁜데 왜 무슨 상처가 있어 이쁘지를 각인시키고 싶은 건가. 요즘 시쳇말로 머리가 텅

빈 성격 더러운 여자는 용서가 돼도 못 생긴 여자는 용서가 안 된다는 이상한 세태의 부산물인가? 성형 범람시대라선지 TV에 나오는 아이돌은 애가 걔 같고 걔가 애 같아서 내 나이 탓인지는 몰라도 분간하기가 어렵다. 방송에선 못 생긴 사람을 대 놓고 들이대며 면박 주면서, 인격을 모독하고 즐기는 것을 예사로 한다. 말로는 개성 개성 하면서도 뭐가 불안한지 서로 닮은꼴의 잣대에 틀을 맞추려고 한다.

설마 저 여인도 자기보다 더 예쁜 누군가 땜에 어떤 남자로부터 버림을 받아 이 추운 겨울 남산만한 배를 해 가지고 거리를 떠돌며 이쁜 것에 집착하고 있는 건 아닌지 모르겠다. 임신을 하고 아픈 건지 아픈 후 임신을 한 것인지 전이든 후든 그런 일을 저지른 그 남자는 참 용서하기 어려운 남자인 것만은 분명하다.

봉은사 앞 한 쌍의 부부 탄생 축하를 해주러 가는 길목에서 바쁜 나에게 그녀의 행동은 여러 가지 생각을 하게 만든다. 사랑의 행위에는 책임도 같이 져야 하는데 자유라는 명목하에 너무나 가벼워진 윤리의식으로 누군가는 아빠라는 이름을 버리고 있다. 영상으로 본 가시고기의 일생처럼 동물도 자기 자식을 위해 목숨을 버리는데…. 부화한 새끼에게 자기의 온 몸을 뜯어 먹이고 앙상하게 뼈만 남아 둥둥 물에 떠서 죽어가는 그 눈물 나는 부성은 얼마나 처절하고 숭고하며 아름다운가.

예전엔 흑백 논리로 정신과 지표를 논했는데, 요즘은 흑에서 백 사이에 흰색 회색, 짙은 회색, 옅은 회색 같이 프리즘으로 구분한다는 말을 들었다. 현대인은 누구나 우울증 또는 조울증의 경계를 넘나들며 살고 있고 누구나 회색의 인자를 가지고 있다는 보도를 접한 적도 있다. 어떤 이유로 저 여인이 저렇게 아픈 건지 모르지만, 현대인들도 반보 한보 차이로 다 마음이 아프다고 한다.

디지털 시대에 들어서면서 편리함은 커졌건만 외로운 영혼들이 넘쳐나고 있다. 단절의 벽은 두꺼워지고, 시대는 너무나 바쁘다. 또 숨 가쁘게 모든 것으로부터 끊임없는 경쟁이 일어난다. 그래서 어쩜 저 여인의 처절한 부르짖음을 우리가 못 듣고 있는지도 모른다. 오가는 사람을 붙잡고 저 여인이 하고 싶은 말은 무엇일까?

저 여인의 영혼이 얼마만큼 어디까지 해체된 것인지는 모르겠다. 그렇지만 부디 모성의 강한 힘으로 마음의 치유와 예쁜 아기의 만남에 축복이 넘치기를 간절히 기도한다. 그리고 그대는 예쁘다고, 정말 예쁘다고 말해주고 싶다. 그녀는 어디에서 출산을 하게 될까…. 눈발 희끗희끗 날리는 초겨울, 도심 보도 불럭 위로 낮게 우울히 가라앉는다. ♣

소통의 경험

매스컴마다 소통에 대해 이야기하는 요즘 상대방의 입장을 배려하지 않아 일어나는 사건과 사고의 안타까운 뉴스를 종종 접하게 된다. 다세대 주택 건물주가 층간 소음으로 고통받다가 자기 집에 세든 집에 불을 질러 일어난 사망사고 소식을 들으며, 소통의 부재가 참 무섭다는 생각을 했다. 서로 상대방의 입장에서 조금만 열린 마음으로 배려했다면 충분히 막을 수 있는 일이 아니었을까? 언젠가 나는 소통의 재밌는 경험을 한 적이 있다.

몇 년 전 중국 산시성 태원으로 여행을 간적이 있다. 그곳은 중국 4대 고성인 평요고성, 려강고성, 랑중고성, 서현고성 중 하나인 14세기에 형성된 평요고성이 있다. 원형 보존이 잘 되어 있는 아름다운 건축물로, 1997년 유네스코의 세계문화유산으로 지정된 곳이다. 약 2700여 년 전에 쌓은 토성이 아직 보존되어 있고, 1370년 명 태조 주원장 시절에 토성을 따라 높이 12미터 둘레 6200미터를 돌로 쌓은 성벽의 모습이 지금의 평요고성 모습이란다. 직경 4키로 규모의 어마어

마한 건축물이 빼곡히 들어선, 지어진 지 500여년 된 가옥이 원형대로 남아 있다.

그리고 더 놀라운 것은 성안에서 대를 이어 지금도 4만여 명의 사람들이 거주하며 활기차게 살고 있는 것이다. 낙안읍성의 전시적인 느낌과는 대조적으로 가감 없는 삶의 현장감은 편하고 자연스럽다. 내가 묵은 집은 300여년 된 가옥을 숙소로 꾸민 ㅁ자형의 큰 집이었는데, 방에는 간이침대와 간단한 샤워 시설만 꾸며져 있었다. 300년 전 지어진 집에서 잔다는 사실이 대리석으로 번쩍번쩍 최신시설로 지은 웅장한 호텔에서 자는 것보다 더 경이롭고 흥분되었다.

시간을 거슬러 가는 상상을 하며 머무는 숙소는 현대식 건물에서 느낄 수 없는 진한 감회와 감동이 있었다. 마치 시간 여행을 하는 기분이 들었다. 오래된 시간은 단절이 아니라 향수와 그리움으로 다가와 마치 전생에 여기서 살았던 것처럼 아늑하고 편안했다. 고성에서의 숙박은 전기 사정이 안 좋아 비상용 발전기의 요란한 소음과 잦은 정전 그리고 격자무늬의 방문을 자물쇠로 잠가야 하는 불편함을 상쇄하고도 남을 만큼 좋았다.

관광지로 개발된 지 얼마 되지 않아선지 사람들이 순박하였고, 상가에서 물건을 파는 상인들에게 아주 기본적인 영어도 통하지 않았다. 굳이 물건을 팔려고 억척을 떨지도 않아서인지 더 맘이 갔다. 나는 토기로 빚은 낚시하는 어부 인형을 사며 시간을 낚는 어부 일 거 같다는 생각이 잠시 들었다.

그곳에서 손짓과 발짓을 해가며 수화 아닌 수화로 손가락을 펴가며 소소한 기념품을 사는 재미도 좋았다. 대한민국 아줌마의 흥정은 거기서도 빛나 철사로 만든 두피 맛사지 빗을 샀는데 중국 상인에게 3개를 덤으로 더 받았다. 영어가 익숙지 않아 부끄러워 할 일이 없으니 오히려 속이 편했다.

짧은 영어로 어렵게 머리 쓸 필요가 없고, 어차피 남의 나라 말 모르는 게 어찌 보면 당연한 일이니 상인도 웃고 나도 웃었다. 만국 공통어 소통의 달인 미소가 있으니 얼마나 다행인가? 주변 관광을 하며, 이 넓은 땅덩어리와 56개의 다양한 소수 민족이 서로 다른 언어로 살았으니 통일하기가 어려웠을 것이고, 또 소통이 어려워서 끊임없이 전쟁을 하며 살았겠다는 생각이 들었다.

먼 산의 절경에 감탄하고 정과사의 7층 영흥탑 안에 모셔져 있는 포골진신상불을 보러 갔다. 그날 따라 안개와 폭우로 인하여 승강기로 올라가야 하는 정과사가 있는 산이, 입산이 금지되었다. 공안들의 제지로 일정이 취소된 상태여서 여행객들은 숙소에서 빈둥거리며 시간을 보내야만 했다. 정과사 절을 못 보는 것이 못내 아쉬웠던 우리 일행 네 사람은 보기만 해도 오금이 저린다는 아찔한 계단을 걸어 올라가서 한 시간 만에 정상에 올랐다.

날씨 탓에 다른 관광객은 한 명도 없었다. 짙은 안개로 한치 앞이 안보였지만 또 다른 환상적 절경을 연출하는 자연에 감탄하며 헤매다가 겨우 절을 찾았다. 승복을 입은 늙은 스님을 만나 등신불이 있는 곳을 물었지만 도무지 소통이 되지 않았다. 그러다 갑자기 나는 만국의 소통언어인 몸짓을 생각하고, 바디 랭귀지로 내 뜻을 표현해 보였다. 합장을 하고 깨꼴랑 소리를 내며 목을 옆으로 떨어트리며 눈을 감고 앉아 있는 흉내를 내니 그 노스님이 환하게 웃으면서 자기를 따라오라는 손짓을 한다.

우리는 저 스님이 알아들었다고 반가워하면서 스님을 따라 100여 미터 거리를 가니 7층 석탑 입구가 나왔다. 스님은 열쇠를 따고 들어가 등신불이 있는 방으로 친절하게 안내를 해주신다. 그러면서 카메라 그림에 안 된다는 엑스 표시가 있는데도, 친절하게 사진 찍는 흉내를 내며 사진도 찍으란다. 우리가 오늘 처음 맞은 관광객인 듯 스님은 특사 대우를 하듯 이곳저곳을 다 따라다니며 안내를 해 주셨다. 벽에는 약자가 아닌 한자 정자로 법문과 안내문이 동판에 새겨져 있었는데, 읽을 수 있는 한자를 만나니 반갑고 엉성하지만 뜻풀이가 조금은 가능하니 좋았다. 1335년 원나라 시절 성불하신 스님의 약력을, 안내문자를 통해 해독하며 문자로 소통되는 인류의 위대함을 또 다시 실감했다.

우리는 포골진신상 12불을 보고 횡재했다며 의기양양했다. 다 내가 바디 랭귀지를 잘한 덕분에 포골진신상을 보았다고 공치사를 했다. 이제 언어 장벽은 문제가 안 된다고 수선을 떨며 긴 계단을 내려오니 어느덧 하루해가 운무 속에 몽환스런 풍경으로 저물었다. 바디 랭귀지가 아니면 어떻게 그

스님에게 등신불을 설명 할 수 있었을까. 서로 상대의 언어를 몰라도 소통이 가능함을 알려준 귀한 경험이었다. 소통의 가장 기본은 몸짓이니, 원천적으로 언어는 바디 랭귀지로부터 시작되지 않았을까 하는 생각까지 들었다.

바디 랭귀지는 여행지 마지막 코스를 돌고 비행장을 오면서 들린 마켓에서 또 한 번 발휘되었다. 가이드는 농산물을 사고 싶은 아줌마들이 들르자는 마켓에 우리를 풀어놓으며 30분 밖에 시간이 없다며 늦으면 비행기를 못 탄다고 겁을 잔뜩 주었다.

우르르 들어간 마켓은 비교적 깨끗하고 사람들도 많았다. 녹두며 팥이 얼마나 싼지 통 메밀은 보고 알 수 있었지만 가루로 만든 곡물들은 도무지 알 수가 없었다. 다들 급하게 물건을 집어 들고 줄을 섰는데 앞쪽에 선 사람들은 좀처럼 줄어들지 않았다. 만만디 계산원의 행동을 보니 순서대로 서서 계산을 해서는 도저히 시간에 맞춰 나갈 수가 없었다.

나는 앞에 제복을 입고 서있는 교통경찰관인 듯 보이는 아줌마 곁으로 가서 붕 소리를 내며 공중을 떠가는 비행기 흉내를 내며 손목시계에 엑스자를 그렸다. 그랬더니 그 아줌마가 '아~' 하면서 우리 일행더러 앞에 서라는 것이다. 얼마나 고마운지 겨우 배운 쎄쎄를 연발하며 우리 일행은 시간에 맞춰 계산을 하고 나올 수 있었다.

이런 경험을 하면서 서로 이해하고 배려하면 소통은 그리 어려운 일은 아니라는 생각이 들었다. 우리 사회에서도 같은 말을 쓰며, 같은 공간에 사는 데도 소통의 부재로 일어나는 다툼과 안타까운 일들이 자주 보도되고 있다. 이번 여행을 통해서도 얻은 깨달음이지만, 가장 좋은 소통은 마음을 열고 한발 상대에게 가까이 다가가는 것이라는 것을 다시금 배우게 된다. ♣

쿠바에서 만난 펠리페

이번에 떠나게 된 중남미 여행일정 중에 공산국가인 쿠바가 포함되어 있었다. 쿠바하면 독재자 카스트로의 짙은 눈썹과, 강한 인상이 머리에 각인되어 있어서 조금은 기대가 되면서도 약간 두려운 마음도 들었다. 외부로 문호가 막혀 있던 공산국가여서인지 처음으로 간 쿠바는 나에게 사람의 손이 덜 탄 처녀지 같은 느낌으로 다가왔다. 쿠바에서 현지가이드로 나온 사람은 백인 중년남성이었다. 그동안 다닌 페루, 칠레, 아르헨티나, 브라질, 멕시코 등에서는 모두 우리 교포들이 현지에서 안내를 했는데, 쿠바에서는 유일하게 쿠바인이 안내를 했다. 그의 잘 생긴 얼굴과 부드럽고 유창한 한국어 안내로 인해 어느새 경계심도 풀어지고 갑자기 호의적인 마음과 호기심까지 생겨났다.

우리 일행을 안내하게 된 현지 가이드인 펠리페는 쿠바 최고의 대학을 나온 인재로, 1976년에 김일성대학에서 한국어를 배웠다고 했다. 그는 1994년부터 7년 동안 평양 주재 쿠바 대사관에서 근무했는데, 그때 김일성 주석의 통역도

했고, 3-4차례나 함께 식사를 같이 한 적도 있다고 했다.

이처럼 한 때는 쿠바 정부의 인재였지만, 냉전이 종식되고 북한과의 관계도 소원해지면서 자신의 존재가 낙동강 오리알 신세가 되었단다. 한국어를 쓸 일이 없어지니 직장이 없어지고 자신이 할 일이 더 이상 없더라는 것이다. 그런데 얼마 전부터 한국 관광객이 들어오고 일자리도 생겼다며 생기가 도는 듯 표정이 밝았다. 그 사이 서울도 2번 방문 한 적이 있다고 했다. 일행 중 한 사람이 짓궂게 북한과 한국 어디가 좋으냐고 물으니 '뭐 다 알면서 묻느냐' 는 말로 대신하면서, 정치색을 띤 질문에는 대답을 하지 않는단다.

그 이야기를 듣고 우리 일행들은 다들 펠리페에 대해 관심을 나타냈다. 우리 일행 한 분이 그에게 어떻게 외교관이었던 분이 가이드 일을 할 수 있느냐면서, 한국에서라면 도저히 그런 일은 쉽지 않았을 거라고 용기가 대단하다는 말을 했다. 그 말에 그는 쿠바에서는 아무도 일의 종류에 개의치 않는다며, 지금 쿠바에서는 관광업에 종사하는 일이 의사나 교수보다 훨씬 수입이 좋아서 친구들도 자신을 부러워한다고 했다. 그래서 요즘 제일 선호하는 직업은 관광업과 자영업이라고 했다.

쿠바는 공산주의 국가이지만 예전부터 연애는 자유롭게 했고, 요즘에는 부분적으로 사유재산을 인정하여 텃밭에 야채를 가꿔 시장에 내다파는 사람도 있단다. 공산국가지만 쿠바의 젊은이들은 이미 미국 방송을 즐겨보며 서방문화에 젖어있는데, 배급을 받는 것에만 길들여져서 자본주의 형태에 적응을 못하는 사람은 지금 어렵게 산다고 했다.

그에게는 아들이 하나 있는데 조그만 식당을 운영한다며 아주 뿌듯해 하는 걸 보니 쿠바에서도 자영업을 하는 사람은 세상을 앞서 살아가는 사람인 듯하다. 아들이 운영하는 식당이 큰 식당으로 번성하길 바란다는 내 말에 그는 함박웃음을 지으며 좋아했다. 그는 너무 힘들게 살아가는 쿠바 국민들의 생활상을 이야기하면서도, 쿠바의 의료 수준에 대해서만은 대단한 자부심을 갖고 있었다. 나라에서 의대를 육성하면서 국가적 사업으로 키운 탓에 의사가 인구수에 비해 엄청 많아 인구 1100만명에 의사가 80만명이며, 국가의료혜택으로 수술이든 약이든 모두 무료라고 했다. 인슈린과 간염 예방약도 쿠바에서 최초로 만들었다며 자기나라의 의료수준이 높다고 강조했다.

의사 한 달 임금이 고작 20달러이고 그 다음이 교수로 15달러인데도, 부모들은 자식이 의대에 가기 바란다고 했다. 정부에서는 브라질, 에콰도르 등 주변 국가에 의사를 파견하고 있는데, 본인은 월 200불을 받고 나머지 돈은 국가가 받아간다고 한다. 외국으로 나가게 되면 국내에서보다 10배가 넘는 봉급을 받을 수 있어 의사들은 모두들 주변국에 파견의사로 나가길 원한단다. 특히 미국이나 다른 나라로 이민 가는 것이 그들이 꾸는 꿈인데 쉽지 않다고 한다. 그러다보니 쉽게 1불씩 팁을 받을 수 있는 관광업 종사자들은 수입이 좋기 때문에 누구나 되고 싶어한다고 했다.

미국과 냉전이 시작된 이후에 쿠바는 러시아의 원조로 어려움 없이 살아왔는데, 냉전이 종식되고나서는 러시아의 원조가 끊기면서 국민이 살림살이가 어려워졌다고 했다. 특히 59년 이후부터 미국의 경제제재로 자동차가 수입되지 않았기 때문에 쿠바 거리에는 59년 이전에 생산되었던 올드 카들이 즐비해서 마치 거리가 자동차 박물관 같았다. 그런데 그처럼 오래된 차들이 얼마나 관리를 잘했는지 외관으로 보기에는 오래된 자동차 같지 않았다. 지금은 볼 수 없는 곡선의 화려한 멋진 색상을 지닌 차들에 대한 관심이 많아서인지 관광객들은 차 사진을 찍느라고 정신이 없다. 차에 별 관심이 없는 나도 그 모습을 보니 연보랏빛 색상의 멋진 차를 한 대 갖고 싶다는 강한 욕망이 들 정도였다. 그런데 모든 차들은 겉 프레임만 그대로이지 엔진이며 차 부속품은 교체했다고 했다. 그래도 55년이나 지난 차들이 거리에서 운행되는 걸 보면 쿠바인들이 차량관리에 얼마나 공을 들였는지 짐작이 갔다.

우리가 갔을 때 미국과 곧 국교가 재개될 거라며 쿠바 사람들은 다들 기대에 부풀어 있었다. 지금도 비공식적으로 미국 관광객이 들어오고 있는데, 관광객들에게 혹시 모를 불이익을 주지 않기 위해 여권에는 입국 스템프를 찍어주지 않고 있었다. 쿠바를 방문한 기록이 여권에 남아 있으면 미국에 다시 입국할 때 이것저것 물어보기 때문에 곤욕을 치른다고 했다. 이러한 사실은 공공연한 비밀처럼 공항 직원들도 모두 알고 있는 듯 했다. 물론 우리도 여권에 쿠바 입국 스템프를 찍지 않았다. 우리도 가이드의 안내에 따라 입국심사를 받을 때 여권을 내밀며 NO STAMP하여 입국 도장을 찍지 않고 통과 했다.

쿠바의 인재인 펠리페는 쿠바의 역사에 대해서도 열심히 설명했다. 무섭게 생긴 카스트로도 변호사 출신이고, 스페인으로부터 독립을 위해 싸운 사람이었다는 그의 말을 들으니 막연히 카스트로에 느꼈던 거부감도 많이 희석되었다. 쿠바의 구 시가지는 유럽의 아름다운 건축물들을 닮은 건물들이 즐비했지만 폐허가 되어가고 있었다. 이 건물들을 보니 얼마나 쿠바 경제가 어려운지 짐작이 되었다. 전혀 보수가 안 된 채 방치되어 있는 조형물들과 유리창이 깨진 채로 판자로 아무렇게나 덧댄 건물에서도 사람들이 기거하고 있다고 했다. 또 세계 많은 명사들이 머물다 갔다는 120년이 넘은 아름답지만 낡은 호텔을 보니 피폐해진 쿠바의 현실이 더욱 안타깝게 느껴졌다.

펠리페는 우리에게 하나라도 더 보여주고 싶어 일정에도 없는 이곳저곳을 안내하기도 했다. 쿠바 하바나에서 자동차로 20분 거리에는 헤밍웨이가 20년을 살았던 집이 있었다. 그 집을 방문하였을 때 《노인과 바다》의 배경이 된 그곳 해변에서 헤밍웨이를 기리는 동상 앞에 서니 작가로서 감회가 색달랐다. 《노인과 바다》를 써서 받았던 고료 전액을

결핵 단체에 기부했다는 말까지 들으니 헤밍웨이의 따스한 마음까지도 느껴졌다. 그 반면에 아내가 네 명이나 되었고, 세계적인 여배우 에바 가드너가 애인이었다는 얘기를 들으면서는 헤밍웨이도 무척이나 호색가였다는 생각도 했다. 우리 일행은 헤밍웨이가 즐겨 찾았다는 카페 '보데기따'에 가서 그가 좋아했다던 모히또를 시켜 마셔보았는데, 내 입엔 별로였다. 헤밍웨이는 미국과 쿠바의 냉전으로 인해 쿠바에서 추방되자 일 년여 후에 권총 자살로 생을 마감했는데, 그는 죽기 전까지도 쿠바를 몹시 그리워했다고 한다.

집에 돌아와서 생각해보니, 쿠바의 모습으로 인상 좋은 펠리페와 《노인과 바다》를 집필한 헤밍웨이의 언덕 위 집, 그리고 예쁜 자동차들만이 떠오른다. 특히 헤밍웨이가 살았던 집에서 그가 살던 발자취를 백인인 쿠바인의 입을 통해 한국어로 듣게 되었다는 사실을 새삼 생각하다보니 세상이 참 좁아졌다는 사실을 실감하게 된다. ♣

사라지는 호칭들

우리나라가 프랑스를 제치고 세계 최저출산율 국가로 출산율이 1명도 안된다는 안타까운 뉴스를 자주 접한다. 세계 출산율 최저 국가로, 가장 빠르게 노령화가 진행되는 국가라는 말도 뒤따른다. 노령화로 인해 국가 기동력이 없어지고 젊은이의 노인 부양 부담감이 커져 국가 경쟁력이 없어 나라의 미래가 어둡다는 전망도 이어진다. 이런 낮은 출산율로 인해 300년이 지나면 대한민국이라는 나라가 지구상에서 사라질 수도 있다는 어느 학자의 '출산과 한국의 미래'라는 강연에서의 말이 기억난다. 참 격세지감을 느낀다.

60년대는 '많이 낳아 고생 말고 적게 낳아 잘 기르자'였는데, 그 때 평균출산율은 6명이었다. 70년대 출산율이 4.5명에서 2.6명으로 되었을 때는 '딸 아들 구별 말고 적게 낳아 잘 기르자'였다. 그리고 80년대에 들어서는 '잘 키운 딸 하나 열 아들 안 부럽다'의 구호로 바뀌면서 남아 선호사상이 강하던 시절에 여아를 추켜주는 인구정책을 표방했었다. 종가집 며느리였던 엄마가 딸만 내리 낳다가 막내로 겨우 아들 하나 낳아 얼마나 맘고생이 많았는지 익히 알고 있던 나는 그 무렵 첫아들을 낳고 마치 대단한 일이라도 한 것인 양 의기양양했었다.

70-80년대까지는 좁은 땅에서 인구 밀도가 높아 선진국으로 발돋움하기 어렵고 인구 팽창 악순환으로 가난의 굴레를 벗어 날 수 없다는 내용의 구호가 여기 저기 길거리마다 걸려 있었다. 마치 아이를 많이 낳으면 야만인 취급하고 식자층일수록 적은 출산을 하는 것이 당연하다는 듯이 계도를 하던 시절이기도 했다. 나라에서 얼마나 강하게 인구 억제 정책을 유도했는지 예비군 훈련 중에 불임수술을 권장하였고, 불임수술을 하면 예비군 훈련을 하루 면제해주며 빵과 우유를 주며 공짜 수술을 해주기도 했던 일이 있었던 때가 70~80년대였고, 지금부터 그리 멀지 않는 우리 시대의 사회상이었다.

그 당시까지만 해도 아들 선호 사상이 강해 양수검사로 태아 감별을 하여 여야면 낙태를 하는 일이 많았다. 이런 문제가 사회논란이 되어 태아 감별 의사를 처벌하던 시절이었다. 그리고 90년대의 구호는 '아들 바람 부모 세대 짝꿍 없는 우리 세대'였다. 그러다가 2000년대에 들어와서는 '아이가 미래입니다'이더니, 2006년에는 '아빠 혼자는 싫어요'가 되었다.

앞에서 살펴본 것처럼 인구 억제 정책을 시행하면서 내세운 구호가 그리 오래전의 이야기가 아닌데, 여러 번 내용이

변하더니 어느 새 출산 장려 구호로 바뀌었다. 이걸 보면 국가 대계를 계획하는 사람들이 우리 시대 남편들에게 저지른 단견이 사회의 재앙을 불러온 것이 아닌가하는 생각마저 든다.

미래를 설계하는 지도자가 얼마나 큰 영향력을 미치는지 학자들마다 견해는 다르긴 하다. 하지만 세상은 1퍼센트 지도자가 이 99퍼센트의 대중을 끌고 간다는 학설을 언젠가 들은 적이 있다. 그렇게 반 강제적인 성격을 띠며 불임수술을 장려하던 일이 엊그제 같은데, 이제 아이를 많이 낳으면 주택 정책을 포함해 육아비 지원 등 갖가지 혜택을 주며 애를 많이 낳는 것이 애국하는 일이라는 시대에 지금 우리는 살고 있다.

인구 억제 정책을 계도하지 않았다면 아마 나도 아이를 4명쯤은 낳지 않았을까. 물론 공산국가도 아니고 자기 의지로 아이를 더 낳을 수도 있었다. 그러나 사람은 사회적 동물인 이상 주변 분위기에 많은 사람들이 편승하며 사는 것도 부인 할 수는 없다. 그 당시 사회적 분의기는 정책적으로 인구 억제를 표방했었다. 두 자녀까지만 의료혜택이 되고 세 자녀부터는 의료혜택을 해주지 않는다고 했었다. 서민에게 있어서 의료보험이 안 된다는 것은 아이를 기르는 입장에서는 굉장히 두렵고 걱정되는 일임이 분명하다.

실제 정책으로 의료보험 적용이 안되었거나 하지는 않았지만, 그렇게 강하게 인구 억제 정책을 표방하는 사회적 분의기에 세 자녀를 갖는 것이 쉽지 않았다. 그 시절엔 딸을 지금처럼 선호하던 시절이 아니어서 종가집이거나 장남들은 딸 둘이면 임신 중 양수검사 등으로 아들이면 낳고 딸이면 낙태를 했었다. 맏아들에게 시집간 친구가 딸 둘을 낳고 여러 번 낙태를 하고 아들이라는 판정을 받고서야 아이를 낳는 것을 옆에서 보기도 했다. 그것이 불과 30여 년 전 일이었다.

요즘은 미혼도 많지만 설사 결혼을 해도 육아 부담도 싫고 자기희생도 싫어 출산을 하지 않는 딩크족도 많다. 그런 말을 들을 때마다 개성시대의 다양한 가치관도 좋지만 왠지 씁쓸한 생각이 든다. 때로는 건조하고 삭막한 세상이 된 것 같아 무섭기도 하다. 그래서인지 요즘은 이모, 고모, 큰아버지, 작은아버지, 삼촌, 외삼촌 등 우리가 일상 사용했던 호칭들이 갈수록 듣기 힘들어지고 있다. 사라지는 호칭들이 늘어나고 있는 것이다.

딸만 둘인 집은 고모와 삼촌, 외삼촌이 사라질 것이고, 아들만 둘인 집은 이모, 고모, 외삼촌이 사라질 것이다. 그리고 아들이나 딸만 하나씩인 집은 이모와 삼촌이 사라질 것이다. 이러다보면 우리 조상 대대로 내려오던 아름다운 문화유산인 족보도 머잖아 역사 속으로 사라질 것 같다.

이미 우리 세대에서도 촌수를 잘 알지 못하는 사람이 많다. 빠른 핵가족으로 인하여 사촌의 왕래마저 뜸하고 친숙하지 않다. 내가 어렸을 때는 시집 간 당고모네 집도 수시로 가서 자고 왔었는데, 지금 정서로는 어림도 없는 일이 되고 말았으니 말이다. 그래서인지 편하고 간편한 삶이 바람직한 건지 되돌아보게 된다.

이제 사라지게 될 그 많은 호칭들인 이모, 고모, 삼촌, 외삼촌, 큰아버지, 작은아버지 등을 생각하면 서글퍼진다. 넉넉하지는 않았지만 복닥거리며 싸움도 하고 낄낄거리기도 했던 내 어린 유년시절, 같은 또래 5촌 아저씨와 다투기도 하고 삐지기도 하고 부딪기며 살던 풀풀 사람 냄새나던 그 시절이 얼마나 푸근했던지 새삼 그 시절이 그리워진다. ♣

달력을 걸며

12월 달랑 한 장 남은 달력이, 계주의 고독한 마지막 주자처럼, 며칠 안남은 날을 세며 걸려있다. 자기 차례를 오기를 오래동안 기다리느라 지쳤을 법도 한데 꿋꿋하게 벽을 지키고 있다. 제 소임을 다하려고 마지막 주자가 결승선까지 도착할 때를 조용히 기다리고 있다. 자기를 기대고 서있던 열한 장의 친구가 한 장 한 장 사라지고, 이제 큰 열두 대문을 닫아야 하는 시간, 한 해를 마무리하는 12월은 참 바쁘고 수선스럽다. 이제 하나 둘 사라져가는 아쉬운 풍경들이 참 많다.

70년대에는 12월이 되면 크리스마스 캐롤송이 요란하게 거리를 흔들었다. 캐롤이 울리면 또 한 해가 저물어 가고 있음을 뜻했다. 가슴이 헛헛했던 청춘들은 명동거리 빨간 자선냄비의 종소리 주위를 휘젓고 다녔다. 통행금지가 해제되는 크리스마스 이브는 별일도 없으면서 그냥 보내기가 아까워 명동거리에는 사람들이 밀려다녔다. 거리에는 달력을 든 중년 남자들이 분주하게 오고가는 들뜬 달이었다. 그런데 언제부터인가 거리를 요란하게 흔들던 크리스마스 캐롤이 들리지 않는다. 새해를 맞으며 꼭 장만해야 하는 종이달력도 점점 사라지는 추세다. 방방이 걸던 달력이 이제 집안에 달랑 하나 걸려있을 뿐이다. 핸드폰에 저장된 제각각의 달력을 쓰기 때문일까.

내 어릴 적 기억속에 12월은 추운 날씨만 떠오른다. 왜 그리 매섭게 춥고 눈이 많이 왔던지 마당에 쌓아놓은 눈이 산처럼 크게 느껴졌었다. 변변한 입성도 없던 그 시절, 옷을 빨아 줄에 널면 동태처럼 꽁꽁 얼었다. 사지를 벌리고 줄에 걸려 몇 날을 그 형태로 마치 우리 집 보초를 서는 것 같았다. 그러나 동태 같이 빳빳하던 옷도 어느새 얼음기가 빠지고 말라서 뽀숭거리는 걸 보면 겨울 햇살이 그래도 너그러웠음이리라.

너나없이 어려웠던 시절, 변변한 옷도 아닌데 널어놓은 옷을 누군가는 훔쳐가기도 했다. 엄마는 잃어버린 옷이 속상해서 '입고 다니는 걸 보기만 해봐라' 하면서 도둑을 잡는다고 벼르셨지만 한 번도 옷을 찾지는 못했다.

그 때 없어진 내가 좋아했던 털실로 짠 감색바지를 아직도 잊을 수 없다. 하필 왜 내가 제일 좋아하는 바지를 훔쳐갔을까? 어린 나는 그 해에도, 그 다음 해에도, 아니 더 오래도록 잃어버린 바지를 아쉬워했고, 바지를 훔쳐간 도둑을 원망했다.

지금 생각해보면 우리보다 더 형편이 어려운 사람이었으

리라. 내 또래의 자식을 둔 부모가 헐벗은 자식에게, 따듯하게 입히고 싶어 동태처럼 얼어있는 바지를 걷어갔을 것이다. 어떠한 경로로 그 아이 바지가 되었든, 그 바지를 입었을 그 아이도 나처럼 그 바지를 좋아했으리라 믿고 싶다. 내가 가진 두 세 개의 바지 중에 내 맘에 꼭 드는 바지였으니까. 그 바지는 언니에게 내려받지 않은 내 몫의 새 바지였다. 그 바지가 없어지지 않았다면 아마도 네 명의 동생이 그 바지를 물려받아 입었을지도 모른다.

그 시절은 참 작은 물건도 소중하고 귀했다. 어느 집이나 옷과 양말이 헤지면 기워 입는 것이 다반사였다. 요즘은 옷이 떨어져도 기워 입는 사람은 거의 없다. 유행이 지났거나 실증이 나서 멀쩡한 옷들이 아파트 재활용 박스에 넘쳐나는 걸 보면 50년의 시간이 지나기도 했지만, 격세지감을 느낀다. 한편으로 나라가 부강해졌음을 느끼기도 한다.

요즘은 너나 할 것 없이 물건의 홍수 속에 묻혀 살고 있다. 옷장을 열거나 신발장을 보며 너무 많은 옷과 신발에 나 스스로도 놀란다. 생각 없이 사들이고 또 버리지 못해 쌓여있는 물건을 보며 스스로 반성하기도 한다.

내 어린 시절은 겨울에 더운물 한 바가지도 참 소중했다. 아침이 되면 차례대로 할아버지, 아버지, 뒤를 이어 한 바가지 더운물을 배급받아서 나는 고양이 세수를 했다. 세수한 젖은 손으로 문고리를 잡으면 문고리에 손이 쩍 붙어 떨어지지가 않아 억지로 손을 뗄라치면 조그만 손이 찢어지게 아팠던 기억이 난다.

밤이면 문풍지를 흔들며 부는 삭풍은 휘이잉 휭, 메마르고 매서운 소리를 냈다. 아이가 죽어 미쳤다는 혼이 나간 배고픈 여자의 울음소리 같았다. 문틈사이로 황소바람이 들어와 이불을 깔아 놓은 윗목에는 자리끼가 꽁꽁 얼었다. 동생들과 서로 아랫목을 차지하느라 자리다툼도 했지만 이불속엔 발과 발이 뒤엉켜 정답기도 했다. 겨울이면 논바닥에서 썰매를 타며 추위에 동상이 걸렸던 어린 시절 매섭고 추웠던 그 시절이 지금은 참 그립다.

주거문화 형태가 바뀌어 아파트 생활이 많아지면서 이제는 꼭지만 돌리면 뜨거운 물이 펑펑 쏟아진다. 또 난방이 잘 되어 겨울철에 집안에서도 반팔을 입고 사는 집이 많다. 안락하고 편하게 사는 것도 좋지만, 지금은 에너지 낭비를 하는 게 아닌가 싶다. 우리나라도 아열대화가 되어가고 있다는 보도를 접한다. 대기환경 오염으로 전 세계의 온도가 점차 올라가고 빙하가 녹아내린다니, 비실비실 시들어가는 지구의 신음소리가 들리는 듯하다.

볼이 빨갛게 얼고 손발이 거북 등짝처럼 터져 아팠던 어린 시절의, 그 매서운 추위가 요즘은 없다. 오염에 찌들어 기가 빠졌는지 12월인데 눈이 아닌 비가 내린다. 문득 닥터 지바고의 라라가 마차를 타고 떠났던 눈 가득 덮인 긴 들길이 그립다. 눈이 인색한 12월이 내 곁을 떠나고 있다. ♣

글이 곧 그 사람임을 보여주는 작품세계

- 김봉진 (문학박사, 문학평론가)

1.

한경은 시인으로 등단한 이후 수필가로도 등단하여 여러 잡지에 시와 수필을 활발하게 발표하고 있는 작가이다. 2015년 10월에 시집 《투루판 사막의 낙타》를 펴내 호평을 받은 한경 작가는 이번에 첫 수필집으로 《숲속의 물고기》를 펴내게 되었다. 이 수필집에 실려있는 작품들을 살펴보면 크게 가족들을 중심소재로 다룬 작품들과 우리 사회와 이웃 사람들을 소재로 한 작품들로 나누어진다. 1부에 실려있는 작품들을 보면 작가의 삶을 중심으로 하여 남편과 아들, 딸 그리고 돌아가신 아버지와 어머니를 소재로 다룬 작품들이 대부분이다. 그리고 2부에 실려있는 작품들을 보면 작가와 함께 살아가는 세상 사람들이 보여주는 다양한 삶의 모습들을 다루고 있는데, 열심히 살아가는 이웃들의 모습과 우리네 세상 풍토나 풍경이 잘 드러나고 있다. 이러한 과정에서 제시되는 여러 표현속에서 가족이나 이웃을 바라보는 작가의 따뜻한 시선을 항상 엿볼 수가 있다. 이처럼 한경 작가의 모든 수필 작품에서 드러나는 특징은 수필론에서 흔히 말해지는 '글이 곧 그 사람'임을 나타내는 특성을 잘 보여주고 있다는 점이다.

2.

좋은 글을 쓰기 위해서는 먼저 대상에 대한 작가의 세밀한 관찰이 있어야만 한다. 즉, 좋은 글은 대상에 대해 관찰하는 시간과 비례하게 된다. 한경 작가의 모든 수필에서 드러나는 관점은 항상 따뜻한 눈을 지닌 인간애이다. 작가의 이러한 관심의 중심에는 항상 가족이 자리잡고 있다. 한경 작가의 이번 수필집에 실려있는 작품들 중에서 가족 사랑에 대한 모습을 잘 드러내고 있는 대표적인 작품으로는 <분갈이>와 <그 쓸쓸함>을 들 수 있다.

집안에서 식물을 키우면서 느낀 즐거움을 표현한 수필 <분갈이>는 삶의 과정에서 얻게 되는 소소한 기쁨을 잘 드러내 보여주고 있다. 27년 동안 행운목을 키우면서 얻은 기쁨을 노래하고 있는 이 수필은 행운목 향기를 맡게 된 과정을 다음과 같이 그리고 있다.

> 처음엔 꽃이 핀 줄도 몰랐다. 승강기 안에서부터 좋은 냄새가 나서 누가 승강기 안에 향수를 뿌렸나 했다. 그런데 집으로 들어가니 라일락 향과 재스민 향을 섞은 듯한 향이 얼마나 진한지 집안 가득했다. 향을 쫒아가보니 행운목 대궁에 눈부시게 하얀색의 탐스럽기는 수국 같고 꽃잎의 형태는 수수꽃다리 같은 꽃이 핀 것이 아닌가?
>
> \- <분갈이> 일부

아름다운 향기를 맡고 그 향기가 집안에서 키우던 행운목에서 나고 있음을 알게 되는 과정을 통해 작가가 행운목을 사랑하게 되는 과정을 자연스럽게 드러내 보여준다. 이런 태도는 날마다 행운목에게 즐겁게 인사하는 작가의 행동을 통해 더욱 구체화되고 있다.

그 무렵, 텔레비전 프로그램에서 러시아의 식물학자가 식물에게 '너 예쁘다 너 예쁘다' 하고 사랑을 준 식물은 그 사람이 다가가면 부드러운 좋은 사이클을 보내고, 툭툭 치고 밉다고 하는 사람이 다가가면 신경질적인 날카로운 전파를 보내는 걸 입증해주는 모습을 보여주었다. 그 모습을 본 뒤부터 나도 행운목에게 물을 주거나 잎에 먼지를 닦아줄 때마다 '아이고 이뻐라'를 연발했다. 그런 정성에 보답이라도 하듯 행운목은 년차를 두고 눈부시고 탐스럽게 하얀 꿀이 뚝뚝 떨어지도록 꽃을 피웠다.

– <분갈이> 일부

우연히 보게 된 영상을 통해 그 내용에 공감하여 따라한 것이긴 하지만, 작가의 마음 씀씀이에서 꽃을 사랑하는 마음이 없었다면 매일같이 잎을 닦아주면서 '아이고 이뻐라'라는 말을 하지는 못할 것이다. 이러한 모습을 통해 작가는 사랑이란 받고자 하는 행위가 아니라 먼저 베풀어주어야 하는 행위임을 보여주고 있다. 따라서 행운목을 키우면서 배우게 되는 여러 가지 모습도 아이들을 키우면서 배우게 되는 깨달음과 비슷하다.

작가는 어린 행운목에게 각각 아이들의 이름을 붙여 나무와 아이들이 서로 교감을 나누도록 한다. 그렇지만 처음 서로 교감을 하는 듯하던 아이들은 커가면서 자기들 일과 세계로 빠져들게 된다. 마치 부모의 품을 떠나가는 우리네 아이들처럼. 그래도 행운목은 아이들 입학

철에 향기로운 꽃을 피워 그동안 보살펴준 은혜에 보답하면서 가족들과 기쁨을 같이 누린다.

어느 덧 아이들은 다 자라서 이제는 결혼 적령기가 되니 걱정 반 기대 반이다. 인생의 분갈이를 할 시기에 좋은 짝을 만나 예쁘고 튼튼하게 살기를 간절히 기도한다. 자기들 이름으로 잘 자라 우리에게 많은 기쁨을 준 행운목처럼, 우리 아이들도 싱싱하고 건강한 모습으로 필요한 자리에 우뚝 서서 누구에게나 예쁨 받는 사람이 되길 빌어본다.

– <분갈이> 일부

이처럼 행운목을 사랑하는 작가의 마음은 아이들을 사랑하는 엄마의 마음과 중첩되면서 마무리되고 있다. 27년이라는 세월동안 사랑으로 가꾼 행운목과 함께 정성을 다해 키운 아이들이 성장하는 모습을 보며, 작가는 나름대로 정성을 다한 결실과 기쁨을 맛보고 있다. 그런 까닭에 작가는 사랑받고 커서 보답하는 행운목처럼, 사랑으로 키운 아이들도 사회에서 예쁨받는 존재로 커나가길 빌고 있는 것이다.

이 수필은 식물과 교감을 나누면서 살아가는 작가의 모습을 통해 자연에 대한 세심한 관찰과 배려 그리고 따뜻한 인품을 보여준다. 이처럼 관찰과 교감을 통해 얻은 깨달음을 독자들에게 제시하여 자연과 공존하고 살아가면서 우리들이 지녀야 하는 삶의 가치와 의미 그리고 보람까지도 함께 느끼도록 해주고 있다.

어머님에 대한 추억을 담아 표현한 작품 <그 쓸쓸함>

은 작가가 어머님에 대해 느끼는 애틋한 심정을 잘 드러내 보여주고 있다. 누구나 가장 사랑하는 대상으로 여기는 사람이 어머님일 것이다. 작가 또한 여러 작품에서 어머님과 겪은 추억을 많이 제시하고 있다. 아마도 어머님이 돌아가신 지 오랜 시간이 지나지 않은 탓도 있겠지만, 그보다는 오랜 시간동안 어머님에 대한 따뜻한 사랑을 가슴에 품고 살아왔기 때문일 것이다.

나이 든 노년이란 작가가 표현한 것처럼 '가고 싶은 곳을 갈 수 없고, 만나고 싶은 사람을 만날 수 없고, 사고 싶은 거나 하고 싶은 게 별로 없는' 나이에 이른 상태를 말한다. 그 나이가 된 어머님이 그동안 살갑게 대하던 초등학교 3학년인 어린 손자마저 어느 순간 자신을 외면하자 손자만한 자식을 낳기를 바란다.

'너무 빨리 크고 있는' 손자와 '힘없이 시드는 꽃이 되어버린' 할머니의 관계. 그러한 처지에서 자신의 말을 제대로 받아주는 사람이 아무도 없는 상황에 놓인 노인의 심정은 어떨 것인가. 그래서 가능하지는 않지만 마음으로나마 자신과 함께 나란히 걸어갈 만한 어린 아이가 생겨나기를 바라는 것이다. 그런 서러움에서 나오는 '아이고, 빨리 죽어야 하는데'와 '호강하고 싶다'는 말은 서로 다른 말이지만, 같은 뜻을 지닌 말이기도 하다.

아이같은 엄마, 반쯤은 진실이고 반쯤은 정신이 없으신 엄마. 엄마를 모시고 영월을 향하면서 이상하게 단종의 영월 유배가 떠올라 씁쓸하고 슬펐다. 애써 아무 일도 아니라는 듯 떠들고 있지만 가슴은 물 먹은 솜처럼 무겁고 축축하다.

- <그 쓸쓸함> 일부

어머니의 외로움과 아픔을 공감하는 딸은 어머니를 언니네가 사는 영월로 모시고 가는 길에서 단종의 유배를 떠올린다. 죽음을 눈앞에 떠올리며 떠나는 서러운 풍경. 작가는 슬픔을 넘어 애잔함을 느끼게 만드는 이 상황을 '물 먹은 솜처럼 무겁고 축축'한 마음으로 담담하게 표현하고 있다. 함께 살아가야 하는 세월이 얼마 남지 않았음을 알면서 느끼는 가슴 아프고 서글픈 딸의 심정을 작가의 이처럼 담담한 표현을 통해 더욱 선명하게 드러내 보여주고 있다.

어느 누구도 거역할 수 없는 것이 죽음이다. 특히 노인이란 죽음을 항상 의식하면서 살아가야 하는 나이이다. 이미 반쯤 정신이 없으신 어머니를 모시고 가면서 딸로서 더 이상 아무 것도 할 수 없다는 무기력과 안타까운 심정을 작가는 담담히 드러냄으로써 더 공감을 불러일으키고 있다. 작가는 이러한 드러냄을 통해 독자들에게 삶의 가치나 나이듦의 의미 그리고 부모와 자식간의 관계까지도 다시금 생각해보도록 해주고 있다.

3.

이웃에 대한 관심과 우리 사회의 풍경을 그린 수필작품들을 살펴보면 작품별로 다양한 삶의 모습을 보여준다. 그 중에서도 <아름다운 꽃>과 <동행하고 싶은 사람>은 한경 작가가 지닌 품성과 글의 특성을 잘 보여준다. 우연히 지하철에서 보게 된 튜립과 교감을 나눈 과정을 그린 작품 <아름다운 꽃>은 작가가 처음 튜립과 만나게 되는 과정을 아주 자세하게 잘 표현하고 있다.

두리번거리다 노약자석에 빈자리가 눈에 띄어 조금은 불편한 맘으로 엉거주춤 앉았다. 한참을 무심코 앉아 있으니 옆자리에 앉아있던 할머니가 춘곤증에 취해 내 어깨에 머리를 기대왔다. 그 바람에 할머니의 검은 비닐봉지에 담겨있던 노란 튜립 한 송이가 수줍은 듯 봉우리로 삐죽 올라와 있는 것을 보았다. 마치 나에게 '안녕하세요' 라고 인사라도 건네는 양 내가 있는 쪽으로 고개를 돌리고 있어서 나도 눈을 뗄 수가 없었다.

- <아름다운 꽃> 일부

윗글은 처음 지하철 안에서 튜립과 만나게 되는 과정을 그린 부분이다. 지하철 안에서 비닐봉지에 담긴 꽃을 가진 사람들을 만나는 경우는 많을 것이다. 그러나 그 비닐봉지에 담긴 꽃과 대화를 나누는 사람은 얼마나 될까? 아마 거의 없을 것이다. 작가는 우연히 지하철을 탔다가 옆에 앉은 할머니가 갖고 있던 검은 비닐봉지에 담긴 튜립을 보고 자세히 관찰하면서 그 꽃과 서로 교감을 나누는 과정을 그려 보인다. 봄날 지하철에서 검은 비닐봉지에 담겨 우연히 눈에 띈 튜립. 이제 막 피어오르기 시작한 튜립과 작가는 서로 응시하면서 생각을 나눈다.

튜립은 잠이 든 할머니 품에서 벗어나고 싶은지 아님 전철 안 풍경이 궁금해 참을 수 없었는지 점점 눈을 크게 뜨는 것이다. 할머니는 너무 피곤하신지 아님 좋은 꿈을 꾸고 계신지 깨어나실 기미가 여

전혀 보이지 않는데 난 혼자 몸이 달았다. 마치 엄마가 졸고 있는 사이 아이가 혼자 아장아장 집 밖으로 걸어나가는 것을 보는 것처럼. 한 눈을 판 사이 아이를 잃어버린 엄마의 낭패감이 이런 심정이었을까.

– <아름다운 꽃> 일부

사람과 꽃의 대화. 어쩌면 가능하지 않은 이 대화는 작가이기 때문에 가능한 것이 아닐까. 검은 비닐봉지에서 막 피어나기 시작하는 튜립을 보고 아장아장 걷기 시작하는 아기를 떠올리며 혹시 잘못되면 어쩌나 하는 작가의 불안한 마음이 잘 드러나고 있다. 그리고 이어지는 꽃과의 대화를 통해 삶에 대한 새로운 인식을 드러내 보여준다. 아름다운 마음을 지닌 사람은 삶도 아름다울 것이기에, 아름다운 꽃을 지닌 할머니의 늙고 검버섯이 핀 칙칙한 얼굴도 아름다운 모습으로 변신시키는 마술 같은 현실을 만들어낸다. 그러한 인식을 통해 작가는 어떻게 살아가는 것이 아름다운 삶을 사는 것인가 하는 물음을 독자들에게 던지는 것이기도 하다.

짧은 시간 눈 뜬 튜립꽃을 지켜보고 있으니 할머니의 검버섯 핀 칙칙한 얼굴빛도 이제는 더 이상 우울하지 않게 보였다. 할머니는 꽃을 사랑했고, 한 송이의 튜립은 자기의 본분을 다해 아름다운 꽃을 피웠고, 난 그 곁에서 아름다운 동행을 했다.

– <아름다운 꽃> 일부

사람이 지닌 참된 가치는 내면에 담겨있어서 잘 드러

나 보이지 않는다. 그러나 겉으로 나타나는 행위인 말과 행동으로 어느 정도 파악할 수가 있다. 이 작품에서는 아름다운 꽃을 갖고 가는 할머니의 모습을 통해 그 사람이 지닌 품성을 드러내 보여준다. 겉모습은 비록 검고 칙칙한 나이 든 할머니이지만 꽃을 사랑하는 마음을 통해 내면에 담긴 아름다움을 표현하고 있는 것이다. 이를 통해 작가는 우리네 삶에서 참된 가치는 겉모습보다는 내면에 아름다움을 지닌 사람이 정말 아름다운 사람임을 말하고 있다. 꽃을 사랑하는 할머니이기에 검버섯이 핀 칙칙한 얼굴빛마저 밝게 만들어주는 것이다. 우리네 삶에서도 피어나는 꽃봉이를 볼 때 가장 아름답다고 한다. 작가는 그러한 삶의 한 편린을 지하철에서 이제 막 피어나는 튜립 한 송이를 보고 그 속에 담겨있는 아름다움을 끄집어내어 표현해 내고 있는 것이다.

작품 <동행하고 싶은 사람>은 우리네 삶의 의미를 찾는 작품이라고 할 수 있다. 마음과 뜻이 통하는 사람을 사귀고 그 사람들과 함께 일생을 걸어간다는 것은 분명 행운일 것이다. 그러나 그것은 마음대로 되는 일이 아니다. 자신도 능력을 갖추어야 하고 상대방도 그러한 능력을 볼 줄 아는 안목을 갖추고 있어야 하기 때문이다. 한경 작가의 수필 <동행하고 싶은 사람>은 '이제는 탐색하고 길들여지는 시간이 싫어 새 사람을 사귀는 것이 어려워진 나이'가 된 작가가 그동안 만난 이들 중에서 이상권, 박영순 부부가 앞으로도 함께 살아가고 싶은 그런 사람들임을 보여준다.

'상대방 입장을 잘 헤아리며 어디에 치우치는 법이 없

다. 모임이 끝나면 일일이 사람들을 챙겨 배웅하고 나서 뒤에 가는 모습을 보면 그의 따스한 마음을 엿보게 된다'는 작가의 말을 통해 드러나는 것처럼, 그들 부부는 배려가 몸에 배어있는 사람들이다. 남편은 '동행이 같이 사진을 못 찍을까 하여 열심히 카메라를 눌러주는' 사람이고, 그래서 여행이 끝나면 비디오를 보는 듯 함께 했던 여행 장면을 생생하게 살아나도록 해주는 사람이다. 또 부인은 '속내가 깊어 속말을 거르지 않고 해도 잘 이해해주는' 친구이며, '마음이 울적할 때 마음을 기댈 수 있는 친구'이기도 하다.

> 가끔 딸에게 훈계를 할 때가 있다.
>
> "사람이 남을 배려하고 넉넉해야 주위 사람이 좋아하지."
>
> 하고 내가 말하면,
>
> "엄마의 이상형 정형이 아빠."
>
> 하고 딸이 선수를 치며 분위기를 누그러뜨린다. 아마도 여러 번 딸에게 직장에서 인정받고 가정생활도 화목한 롤 모델로 그들 부부를 이야기 했기 때문일 것이다.
>
> - <동행하고 싶은 사람> 일부

이제까지 수많은 선현들이 일생동안 한 사람이라도 진정한 벗을 사귄다면 그 사람의 삶은 헛되지 않았다고 말해왔다. 그와 마찬가지로 한경 작가가 '잘 살았다는 징표'를 '인생에서 누군가와 동행하고 싶은 사람'이 있는지 없는지에 두고 있다는 것은 당연하다고 할 수 있다. 작가는 동행하고 싶은 사람이 자신에게는 있으니 그래도 삶을 잘 살았다고 생각하면서 자신도 누구에겐가 좋은 동행 상대로 여겨지기를 기원하고 있는 것이다.

삶의 동행자는 함께 모든 걸 나누면서 힘든 짐까지도 함께 지고 갈 수 있는 사람을 말한다. 자본주의 파고가 높아질수록 사람들은 이기적인 욕망에서 벗어나기가 힘들어진다. 그럴 때라도 이 글에서 보여주는 것처럼 가족들을 벗어나 또 다른 삶의 동행자가 있다면 행복할 것이다. 이 작품은 그래서 또 하나의 행복론을 설파한 글이기도 하다.

4.

수필은 자신의 경험을 바탕으로 하여 쓰는 글이기 때문에 자기 자신이 지니고 있는 내밀한 생각을 드러내 보여주지 않으면 독자들의 공감을 얻어내기가 힘들다. 그래서 수필에서는 자신의 마음속에 담긴 부끄러운 생각마저도 그대로 끄집어내어 보여주어야만 한다. 그러한 과정에서 독자들의 공감을 이끌어내고 깨달음도 전달해 줄 수 있다. 또한 모든 글은 글을 쓰는 사람의 개성이 담겨 있어야만 살아있는 글이 된다. 글이 곧 사람이라는 말도 글 속에 그 사람이 지닌 개성과 마음이 잘 드러나 있어야 한다는 말이기도 하다. 물론 글 속에 담긴 표현을 통해 자신의 개성을 드러내는 것은 쉽지가 않다. 한경 작가는 이런 점을 잘 인식하여 자신의 마음을 적절하게 드러내 보여주면서 다른 이들의 공감을 이끌어내고 있다. 거기에 자기만의 감성을 덧붙여서 자신의 개성까지 잘 드러내고 있다.

시인이면서 수필가인 한경 작가는 수필에서도 시적 표현을 자주 사용하고 있다. 이 점은 수필에 있어서 좋은 점과 문제점을 가지게 될 위험성을 동시에 갖는다. 다시 말하면 적절한 생략과 압축으로 인해 글에서 긴장감을 불어넣어주는 효과를 낼 수 있다는 점과 과도한 생략으로 인해 작가의 의도나 상황이 구체적으로 전달되지 않을 수 있다는 점을 함께 지니고 있다. 한경 작가는 이런 점을 정확히 인식하여 수필에서도 적절히 잘 사용하면 이효석의 <메밀꽃 필 무렵>이라는 소설에서 보여주듯이 시적인 분위기와 표현이 담겨있는 좋은 수필을 쓰게 되리라고 본다.

「이 도서의 국립중앙도서관 출판예정도서목록(CIP)은 서지정보유통지원시스템 홈페이지(http://seoji.nl.go.kr)와 국가자료공동목록시스템(http://www.nl.go.kr/kolisnet)에서 이용하실 수 있습니다.(CIP제어번호: CIP2016012076)」

한 경 수필집
숲속의 물고기

지은이 : 한 경
펴낸이 : 현상선
펴낸날 : 서기 2016년 5월 25일 1판 1쇄
펴낸곳 : 도서출판 비움과 채움
㈮06753 서울시 서초구 강남대로 25길 15, 동인빌딩 302호
전화: 02-999-0053 전송: 02-998-3622
전자주소: ranto@hanmail.net
ISBN 978-89-93104-38-7 03810

값 12000원